脳と体がすく 育つ
で
ベビースイミング

日本ベビースイム協会代表
吉村久枝

青春出版社

はじめに

まずは、この本を手に取ってくださり、ありがとうございます。
そして毎日の育児、本当にお疲れ様です。

0〜3歳のお子さんを育てる方の中には、ずっと続く夜泣きでヘトヘト、抱っこで肩や背中がバキバキ、子どもから目が離せないから、なかなか自分の時間もない……。でも、私が親なんだから、しっかりしないと！　と、しんどい思いをしながら目の前の小さな命を生かすため、必死の方も少なくないと思います。

そんなお母さん、お父さんにおすすめしたいのが、お風呂で行うベビースイミング「**お風呂スイミング**」です。

「えっ毎日忙しくて余裕もないのに、それに加えてお風呂でベビースイミングまでやるの⁉」と、思われた方もいるかもしれませんね。

小さなお子さんとの入浴は、たしかに大変です。

新生児期、ベビーバスでの沐浴を卒業し、お父さんやお母さんと一緒に湯船に入れるようになったのはいいけれど、親御さん自身は「ゆっくり体や髪を洗うこともできない」という話もよく聞きます。

子どもを湯冷めさせないようにと、自分は濡れたままの体で子どもを着替えさせ、親のほうが風邪をひいてしまった、なんてことも。

お風呂は義務、お風呂は作業、大変でもとにかく入れなくちゃ。

そんなふうに思われるのも、当然のことだと思います。

でも、**いつものお風呂の時間をちょっと変えるだけで「子どもの**

才能が伸び」「心が健やかに育ち」「お母さん、お父さんも笑顔になれる」この3つのいいことが、一気に叶うのです。

どういうこと？　と思われるかもしれませんね。

ここで簡単に自己紹介をさせてください。

私は幼稚園教諭を経て、家業のスイミングスクールで30年間、6000組以上の親子を指導してきました。その中で特に力を入れていたのがベビースイミングです。

ベビースイミングを指導する中で、その素晴らしさを実感する日々を送っていました。先ほどお話しした「子どもの才能が伸び」「心が健やかに育つ」ということを子どもたちと長い時間をかけて触れ合う中で、目の当たりにしていたからです。

詳しくは本書でお伝えしますが、子どもの心身の健康につながるのはもちろん、3歳までの大事な時期の脳の発達を促し、創造性や自己肯定感まで高めるなど、そのメリットは本当にたくさん！

さらに印象的だったのが、**ベビースイミングに来てくださったお母さん、お父さんの笑顔**です。

「これでいいのかな……と不安になることも多いけど、水の中で、子どもと遊んでいるこの時間は、全部忘れられて、心がリセットできるんです」

と、おっしゃってくださった方もいます。

浮力のおかげで、いつもより体が軽くなるからか、水には不思議なリラックス効果があるように思います。

だから、ベビースイミングで子どもと触れ合うとき、お母さんもお父さんも自然に笑顔になるのかもしれません。

でも、「ベビースイミング」をするには、スイミングスクールに子どもを連れていかなければなりませんよね。

近くにスイミングスクールがない、小さな赤ちゃんを連れていくのは準備が大変、スクールにいく時間も余裕もない。

いろいろな理由で、ベビースイミングを経験できない親子はたくさんいます。

もっとベビースイミングを身近に、日常生活の中で行ってもらうことはできないか――。そのとっておきの方法が、この本でお話しする「お風呂スイミング」なのです。

お風呂スイミングとは、家庭のお風呂でできるベビー

スイミングの方法。

スイミングといっても、難しいことは何もありません。

本書で紹介するのは、いつものお風呂で親子でほんの短時間、パパッと楽しく遊ぶような感覚でできるものばかりです。また、限られたスペースでも(お風呂が広くなくても)十分に楽しめるものを紹介するので、安心してくださいね。

形のない水ほど、わくわくするおもちゃはありません。そのことを意識してお風呂に入り、子どもと一緒に楽しく遊んでみてください。歌を歌い、一緒にお話をしながら。

楽しい気持ちでいっぱいになった子どもの脳はどんどん発達し、知力も体力も向上していきます。

お風呂スイミングを続けていくと、中には1歳で水に潜《もぐ》れるよう

になる子もいます。そのままの流れで、プールで泳ぐのが大好きになる子もたくさん。

自宅で簡単にでき、お母さんやお父さんと肌と肌を触れ合わせた「安心」の中で行えるお風呂スイミングは、子どもたちにとっても、ご両親にとっても、かけがえのない幸せな時間となるはずです。

お風呂で過ごした楽しくて幸せな時間の記憶は、お子さんの潜在意識に刻まれ、一生の思い出となって残り続けるでしょう。

そして、何よりお風呂スイミングは、子育て中の気分転換にも最適です。

子どもが小さい頃はどこかに出かけるのも一苦労ですよね。密室で子どもと2人きり、どうも煮詰まってしまったときに、お風呂に入るついでにぜひ、お風呂スイミングを試してみてください。
温かいお湯に子どもと2人でつかると、さっきまでのモヤモヤやイライラ、張り詰めた気持ちもすっと溶けていき、お母さん、お父さんもきっと気持ちがラクになるはずです。

一生懸命な親御さんほど、「子どものためにいろんなことをしてあげたい！」と思いがちですが、無理にいろんなことを詰め込まなくても大丈夫ですよ。

1日たった5分、お風呂で楽しく子どもと遊ぶだけで、子どもの人生は豊かになり、将来の可能性も広がっていくはずです。
気楽に楽しく、一緒にお風呂スイミングを始めましょう。

子どもも親も笑顔が増える！

お風呂 スイミングの効果

お父さん、
お母さんの
気分も
上向きに

のびのび遊べて
自主性・
創造力が
育つ

水の抵抗で
運動効果が
上がる

浮力の力で
陸ではできない
運動ができる

五感を
刺激する
運動が
簡単にできる

たっぷり
スキンシップがとれ、
親子の絆が
深まる

温かな水温で
親も子どもも
心がほぐれる

水圧による
マッサージ効果で
血流がよくなる

CONTENTS

第2章 やってみよう！ お風呂スイミング

くる
くる

第4章
親子でプールに挑戦しよう

本文デザイン…黒田志麻
イラスト…山麦まくら
カバーデザイン…田村梓（ten - bin）
編集協力…樋口由夏
企画協力…ブックオリティ

第1章

「お風呂スイミング」が子どもの将来を変える

Swimming in the Bathroom

いつものお風呂、5分だけ変えてみませんか?

子育てをしているお母さん、お父さんは、仕事に家事に忙しく、時間もない毎日を送っていることでしょう。

もっと子どもと一緒に楽しい時間を過ごしたいし、触れ合いたいけれど、子どもにゆっくり手をかけられないときも、当然あります。

慌ただしい毎日の中でも、気になるのは子どもの成長です。

誰だってわが子には幸せな人生を送ってほしいし、自分の能力を100%使って、自分で選んだ道を歩いていく力をつけてほしい。だからといって、早期教育をさせたいわけじゃない。でも、習い事をさせないのもなんだか不安だし……。

そんなお母さん、お父さんにこそおすすめしたいのが、お風呂で行うベビースイミング「お風呂スイミング」です。

赤ちゃんのときからできて、わざわざ教室に通う必要がなく、毎日のお風呂の〝ついで〟の時間を使って楽しめる。それがお風呂スイミングのいいところ。

お風呂スイミングなら、楽しみながら子どもの持つ可能性を広げ、将来の選択肢を増やしてあげられます。

さらには、お母さん、お父さんからのやさしい声かけとスキンシップで、一生の宝物ともいえる「親子の心のつながり」を育むこともできるのです。

「スイミング」といっても、「お風呂スイミング」に特別なテクニックは必要ありません。安全面に気を配り、ちょっとしたコツを押さえながら、お風呂の中で親子で楽しく遊ぶだけでできる簡単なものばかり。

コーチは、お母さんとお父さん。目的は、「楽しむこと」。

そうすると、おまけのように、お子さんの能力がつき、親子の絆が深まるのです。

お風呂スイミングで、いつもの「お風呂時間」をちょっと変えてみませんか。

Swimming in the Bathroom

赤ちゃんは「泳ぐ力」を持って生まれてくる

「ベビースイミングをしてみましょう」

というお話をすると、

「うちの子は水が苦手だから、無理だと思います」

「私も泳げなかったから、子どもも泳げないんじゃないかな……」

とおっしゃる親御さんがいます。

でも、そんなことはありません。子どもにとって水は最高の遊び道具。そして、「子どもと水は、本来親和性が高いもの」なのです。


胎児は、お母さんの子宮の中で、羊水という水に守られて大きくなります。

羊水はお腹の中の赤ちゃんにとって、環境のすべてです。羊水の温度は体温より少し高め。お母さんのお腹の中は温かく、赤ちゃんにとって最適・最高の環境です。

赤ちゃんは成長とともに羊水の中で手足を動かし始めます。月齢が進むにつれ、動きも大きくなり、回転してお腹の中で自分で向きを変えることもできます。これは羊水という「水の中」だからこそできること。妊娠5カ月頃になると、そんな赤ちゃんの動きが、お母さんには胎動として感じられるようになります。

水の中から生まれた赤ちゃんは本来、水が大好きです。もちろん、泳ぐのだって大好き。何せ、お腹の中ではどんな赤ちゃんも何カ月もの間、自由に泳いでいたのですから。そう、もともと赤ちゃんには泳ぐ能力が備わっているといえるでしょう。

子どもの脳発達研究の先駆けである米国の人間能力開発研究所では、「泳ぐことが子どもの脳の成長を促す」と発表しています。人間能力開発研究所の副所長、ダグラス・ドーマン氏は著書『赤ちゃんを泳がせよう』（ドーマン研究所）の中で、「新生児は泳げる」と断言し、「できるだけ早く赤ちゃんに泳ぐ機会を与えること」を推奨しています。

赤ちゃんはお母さんのお腹の
中で、自由に泳いでいた

赤ちゃんは〝ついさっき〟まで子宮の中にいて、泳げる状態で生まれてきていることを考えると、彼らの主張は理にかなっている気がしますよね。

本来赤ちゃんに備わっている泳ぐ能力は、使わなければ失われてしまう可能性があります。先ほどご紹介した本には、泳ぎを習得するのは年齢とともに難しくなると書かれており、それは30年間スイミングを教えてきた私も実感しています。

子どもって水が好きですよね。

たとえ泳げなくても、水遊びをしたり、噴水の近くに行きたがったり、水たまりがあれば飛び込んだり。触ると形が自由自在に変わり、ピチャピチャと音が鳴り、体にかかるとヒヤッとする……。子どもにとって、水ほど楽しい遊び道具はないはずです。

大人でも水に入るとワクワクしたり、リラックスしたりします。水泳が苦手だという方でも、お風呂や温泉に入るのは好きな人も多いでしょう。人と水には親和性があると私は感じています。

この「水の力」を利用し、できるだけ早いうちから子どもの持っている能力を引き出すのが、おうちでできる「お風呂スイミング」のメソッドです。

In the Bathroom

3歳までの大事な時期に、水中運動をしたほうがいい理由

小さい頃から水と触れ合い、水の中で自由に体を動かすことは、子どもの成長を促し、能力を伸ばすことにつながります。

なぜ「水の中で体を動かすこと」が、子どもの成長によい影響を与えるのか――。

そこには次の2つの理由があると、私は考えています。

①五感への刺激を得られ、脳が成長する

②体と脳の発達に欠かせない「全身運動」ができる

それぞれ、どういうことか見ていきましょう。

1 五感への刺激を得られ、脳が成長する

水の中にいると、体にあたる水の感覚、ちゃぷちゃぷといった音、キラキラと揺れる水面の様子など、五感（触覚、嗅覚、視覚、味覚、聴覚）の多くにさまざまな刺激を受けます。陸上にいるときとはまったく違った刺激もあるでしょう。

実は、この刺激が子どもの脳の成長を促すのです。

29ページにあるスキャモンの発育・発達曲線をご存じでしょうか。

これは、アメリカの医学者スキャモンが1930年に発表した「子どもが大人になるまでの発育・発達の変化」を図にしたものです。子どもは成長する中で、器官や機能がいっぺんに同じように成長していくわけではありません。それぞれの器官や機能の発育や発達には違いがあります。

29ページを見ていただければわかるように、神経系は出産直後から発達していき、5～6歳頃までに約80％にまで達し、12歳頃までにはほぼ100％が形成されます。

神経系は脳や脊髄、視覚器などを指し、体を動かすことやリズム感、器用さと関係していて、運動神経も司っています。

神経が著しく発達する5～6歳頃までに、水の中で体を動かすと、水からの刺激とリズミカルな動きによって、脳内にある神経細胞をつなぐシナプスの形成が促されます。シナプスは情報伝達を担っているため、シナプスの数が多い人は、いわゆる頭の回転が速い人といわれるのです。

また、脳の発達が著しいのは0～3歳といわれます。この頃にさまざまな刺激を受けることで、脳の中で情報をやりとりするためのシナプスが発達し、それがその後の「脳発達の土台」となっていきます。

つまり幼児期に、子どもに水の中でさまざまな体験をさせることで、脳の発達を後押しでき、言語や行動などの面で健全な成長を促せるのです。

私はこの発育・発達曲線が大好きなんです(笑)。水の中で楽しく遊ぶことで、頭がよくなり、運動神経もよくなることを、わかりやすく示してくれるから。

よくベビースイミングのレッスン中にも、お母さん、お父さんたちに「今日も子どもたちのシナプスを増やそうね」と話していました。

12歳頃までは「ゴールデンエイジ」と呼ばれる子どもの体の成長期。この時期も子どもの成長にとっては大切ですが、最もよい刺激を与えてほしいのが0～5歳な

スキャモンの発育曲線

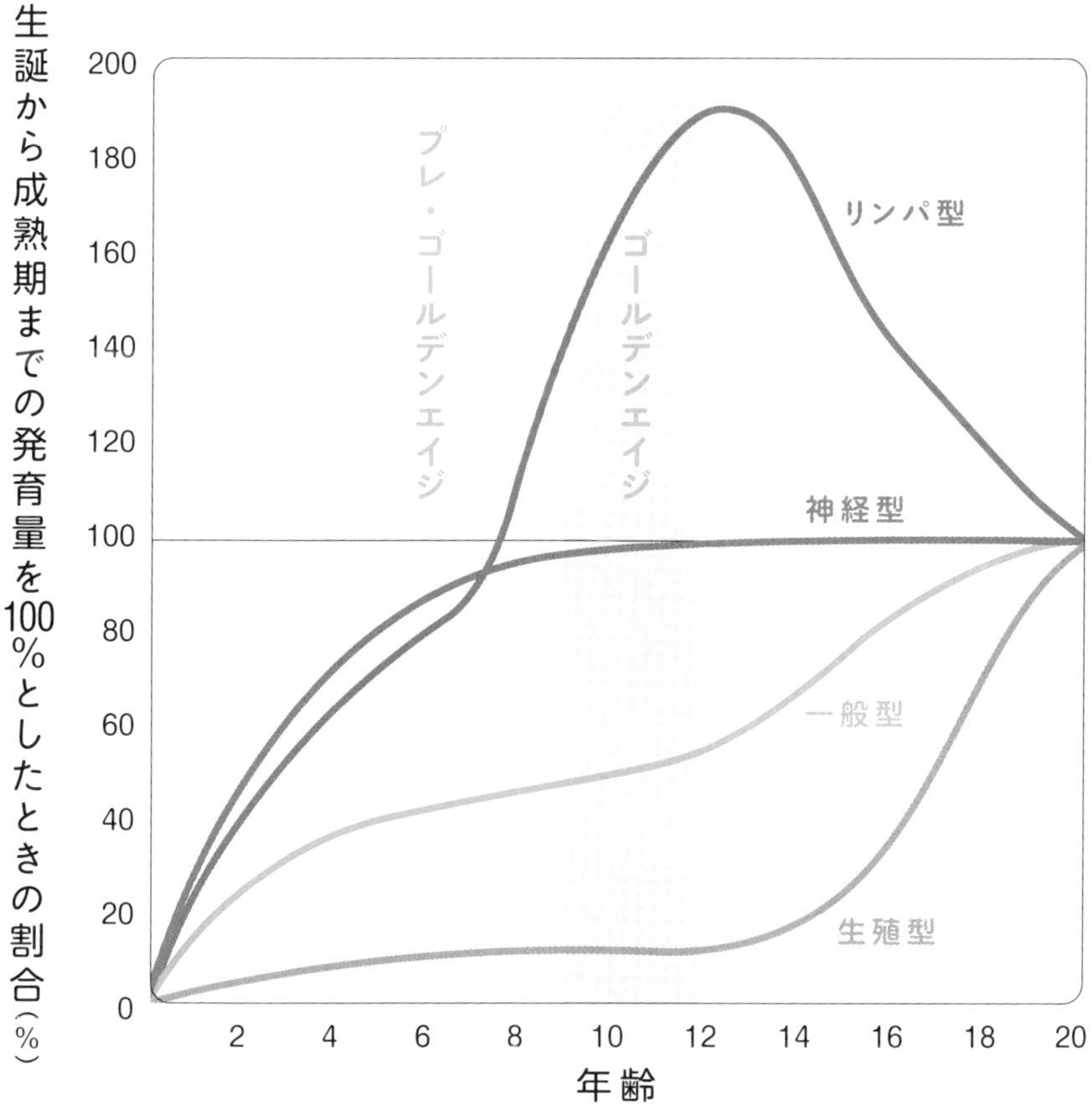
生誕から成熟期までの発育量を100%としたときの割合(%)
200
180
160
140
120
100
80
60
40
20
0
2
4
6
8
10
12
14
16
18
20
年齢
プレ・ゴールデンエイジ
ゴールデンエイジ
リンパ型
神経型
一般型
生殖型

のは、グラフの急激なカーブを見ていただければわかると思います。

❷ 体と脳の発達に欠かせない「全身運動」ができる

水中では全身が水に包まれます。水の抵抗によって、水中では陸上よりも運動時の負荷が強くなるのです。そのため、泳がなくても、子どもが水の中で体を自由に動かすだけで、有効な全身運動になるといえるでしょう。効果的な全身運動は、体力アップにつながります。

また、子どもの脳の発達には、体を動かすことが欠かせません。

普段意識していませんが、人は体を動かすときに脳を使っています。水をすくう、かき混ぜる、水の中で立ち上がる……。どれも簡単な動きに思えますが、すべて脳が指令を出し、実際に手や脚を動かすことで成り立つ動きです。

最初は思うように水をかき混ぜられなくても、何度もくり返しその動きを続けることで、脳から出た指令を手でうまく実現できるようになります。このとき、脳内の神経回路がつながり、脳が発達していくのです。

このように、脳は使うことで発達していきます。「水の抵抗、水圧、浮力のある水の中で全身運動をすること＝効果的に脳を使い、発達を促すこと」といえるでしょう。

子どもの成長とは少しズレるのですが、小さい頃から水と触れ合うことには、もう1つメリットがあります。それは「早い時期から水慣れができること」です。これまで何十年もの間、スイミングの講師をしてきましたが、水への抵抗感はスイミングを始めるのが早ければ早いほど、少ないように感じます。

スイミング教室でも、顔に水がかかるのが怖い、そもそも水に入るのが怖いという子はよくいました。ただ、その多くが2〜6歳以上の子どもたちだったのです。水が怖いと、スイミングを始めるまでが大変。トレーニングの前に「怖い」という思い込みを変えることから始めなければいけないからです。

「水が怖い」という刷り込みがない乳幼児のほうが、水慣れが早く、泳ぐまでもスムーズ。できるだけ早い時期に「水で遊ぶのは楽しい」という体験をし、水慣れをすることで、プールで泳ぐときも、スムーズに泳ぎを覚えられるようになるのです。

Swimming in the Bathroom

海外では「ベビースイミング」が盛んです

スイミング講師として30年活動する中で、さまざまな国に視察に行きましたが、ベビースイミングに関しては、世界の中で、日本の動きは遅いように感じます。

設備上仕方がないのかもしれないのですが、公営のプールはおむつがとれる年齢でないと入れないところが多いため、ベビースイミングに興味を持ったとしても、教室に通わなければなかなか実践できません。

海外ではベビースイミングへの考え方が日本とは異なることが多く、子どもが小さな頃から泳ぐことを推奨している国も少なくないのです。

特にベビースイミングに力を入れていると感じるのが、アメリカです。

「これはなかなかできないな」とも思ったのですが、生後5日目から息止めを覚えさせるという指導をアメリカで見たことがあります。まさに「お風呂スイミング」と同じ要領で、バスタブで行っていました。赤ちゃんの頭の上から小さなカップで水をかけ、息を止める練習をさせていたのです。

また、オーストラリアでは、当たり前のようにみんながベビースイミングをしているそうです。専用のプールもあり、赤ちゃんが生まれると、ベビースイミングに行くことを国から推奨される文化があると知人から聞きました。

数年前、ノルウェーに視察に行ったときも、ベビースイミングを取り巻く環境の違いに驚きを覚えました。

当初は見学だけのつもりで訪ねたのですが、私がベビースイミングの指導者だと知った現地のスイミングスクールの方が、

「1時間後にベビースイミングのレッスンがあるから、一緒に入りましょう」

と言ってくれたのです。

レッスン内容は日本と大きな違いはありませんでしたが、圧倒的に違うのは「ベビースイミング専用プール」の存在でした。

通常、室内プールは30～31度くらいの水温に保たれています。

この温度では、体温適応能力のない生後4カ月くらいの赤ちゃんにベビースイミングをさせるのは無理がありますが、私が見学したノルウェーの施設ではベビースイミング専用プールがあり、その水温は33～34度と、生後4カ月の赤ちゃんも快適に入れる温度に保たれていたのです。

また、お母さん、お父さんどちらかだけがベビースイミングをしているのではなく、両親そろって赤ちゃんとともに水に入っている家族がほとんどだったのも印象的でした。

泣いている赤ちゃんは1人もおらず、温かなプールの中で家族そろって楽しそうに体を動かしていました。この幸せな体験が、赤ちゃんの成長によい影響を与えることは間違いないでしょう。

日本にも設備が整ったプールが増えることを望みますが、現実的にはまだ難しいといえます。だからこそ、プールに行かなくても家の中で親子で安心して楽しめる「お風呂スイミング」を少しでも多くの方に行ってほしいと思います。

Swimming
In the
Bathroom

お風呂こそ、ベビースイミングにとって最高の空間

水と触れ合うことが大事なのはわかったけれど、そもそも生後4カ月から受け入れてくれる公営のプールはめったにありません。

また、赤ちゃんの時期からスイミング教室に連れて行くのはハードルが高い。水着やタオルの準備だけで疲れてしまいそうだし、気持ちと時間に余裕がないとできない気がする……。そう思うお母さん、お父さんも多いでしょう。

無理に教室に通わなくても大丈夫。水泳の第一歩であるベビースイミングは、家庭にあるお風呂で簡単にできます！

お風呂はベビースイミングにとって最高の場所なのです。

たとえば、ベビースイミングにとって大事なのが、先ほども少し触れた水の温度。体温調節がまだうまくできない小さな赤ちゃんのために、ベビースイミングでは水温を33～34度に設定します。しかし、この水温に設定されたプールや、そもそも3歳未満の子が入ってもよいプールは多くありません。

しかし、家のお風呂だったら水温の調節も水量の調整も、自由自在。いつでも子どもにとって最適な水温の中で、好きなタイミングで遊ぶことができるのです。

また、閉鎖された空間であるお風呂であれば、ほかの子どもや家族の目を気にすることなく、のびのび、たっぷり、好き放題に遊べます。親子の距離が自然と近くなるのも、お風呂のよいところです。

子どもが滑って転ばないようにする、蛇口にぶつからないようにする、剃刀《かみそり》などの危険なものは片づけておき、子どもにさわらせない、子どものそばに大人がつき目を離さない……など、安全面に配慮する必要はありますが、親子がリラックスして水遊びを楽しめるのは、お風呂ならではの利点だといえるでしょう。

私がスイミング教室で講師をしていたときも、小さいお子さんの親御さんたちに、お風呂スイミングをよく推奨していました。

そのほうが子どもは早く水慣れしますし、水に入るのが大好きになって、スイミングの上達も早かったからです。

スイミング教室は週に1回のことが多いですが、なんといっても家庭なら毎日できますものね。

お風呂嫌いの子が、「お風呂スイミング」をきっかけにスムーズに入浴するようになったという話もよく聞きます。

子どもがお風呂を好きになれば、「お風呂に入る、入らない」で、揉めることもなくなりますし、お風呂の時間が〝大変なもの〟ではなくなるはず。

お風呂スイミングには、「お母さんやお父さんをラクにする」そんなメリットもあるのです。

Swimming in the Bathroom

お風呂スイミングで伸ばせる！4つの力

ここまで、「小さな頃に水で遊ぶことの大切さ」を伝えてきました。

ただ、本書でこれからお伝えする「お風呂スイミング」のメソッドは、単にお風呂で水遊びを行うだけにとどまりません。

私はこれまで30年間、ベビースイミングを教えてきましたが、その前には幼稚園教諭として5年間、多くの子どもたちと関わってきました。子どもたちを育てることは私の天職なのだと思っています。

子どもの持つ力を最大限伸ばし、成長を促すためにどうすればいいのか――。これまで35年の幼児教育の中で得た経験、心理学や生理学の知識を踏まえてつくったのが、「お風呂スイミング」のメソッドです。

このお風呂スイミングのメソッドで伸ばせる子どもの力は、主に4つあります。それぞれ、簡単に紹介していきますね。

1 脳と体の発達を促し、人生の土台をつくる

お風呂スイミングは、子どもの脳の発達によい影響を与えます。

先ほども触れましたが、水の中ならではの五感の刺激が脳の成長を促すのです。

また、水の中で自由に動くとき、子どもの脳の中では、感覚系の情報を司る感覚野が刺激されています。感覚系の情報とは、まさに視覚、聴覚、触覚、味覚、嗅覚の五感です。人間は五感からの刺激によって、あらゆることを学習し、脳に取り入れていきます。

そしてもう1つ、水中の運動で刺激が得られるのが脳の運動系を司る運動野です。運動野は文字通り、運動を司る部分。つまり、お風呂スイミングを通して、脳の

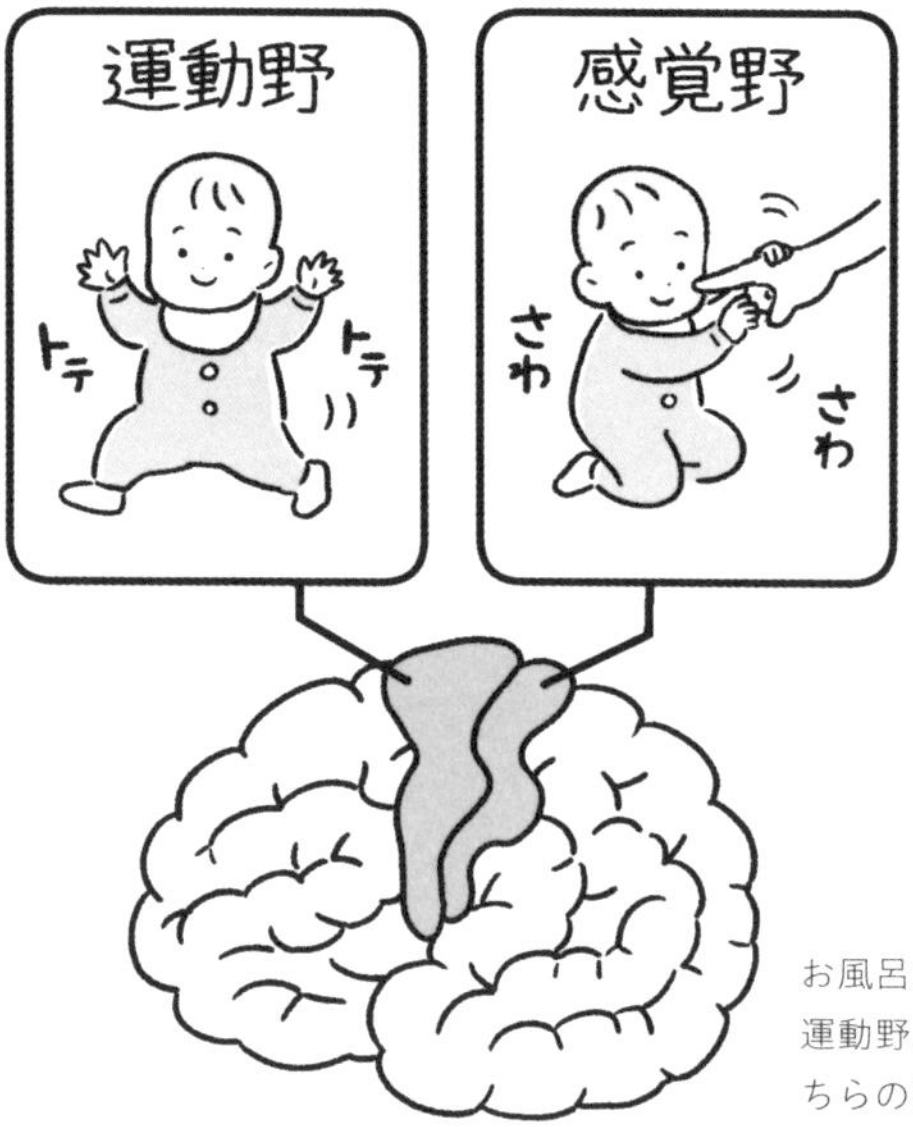

お風呂スイミングで
運動野と感覚野、ど
ちらの発達も促せる

感覚野（脳に情報を取り入れる場所）と運動野（情報を使って運動する場所）両方の発達と成長を促すこともできるのです。

お風呂スイミングで発達するのは、脳だけではありません。先にもお伝えしましたが、水の中での運動は抵抗があるぶん、負荷がかかりやすいため、体力もつきやすくなります。

お風呂スイミングでは、水泳と同じような「有酸素運動レベルの運動」はできませんが、水圧・抵抗のある水中で体を動かすことで、ある程度の効果は望めると私は思っています。また、浮力によって陸ではできない運動体験ができるでしょう。

お風呂スイミングなら、水という最高の教材を使って脳と体、両方の発達を促すことができるのです。

② 創造力が伸びる

お風呂スイミングでは、創造力も伸ばすことができます。創造力はこれからの時代を生きていく上で、非常に重要です。

ゲームやおもちゃなど、遊び方が決まっているものと違い、「水を使った遊び」は基本的に自由。ルールもありません。

お母さん、お父さんも小さいとき、お風呂の中で自由に遊んだ記憶があるのではないでしょうか。タオルを湯船に広げて浮かべ、タオルクラゲを作ったり、ジョウロで水が落ちる様子を楽しんだり、水の中で息を吐いてぶくぶく泡を立てたり。ただバシャバシャと水面を叩くだけでも、その感触や水しぶきがキレイで、楽しかったはずです。

お風呂の中では、すべてが遊びにつながります。

さまざまに形を変える水を使って、自分で考え遊ぶ中で、ゼロから何かをつくり出す力「創造力」を育てられます。

また、お風呂スイミングでは、「最初にこのプログラムをして、それができたら次にこのプログラムをする」などという決まりはありません。第2章から具体的なやり方を説明しますが、それらはすべてアイデアのひとつだと思ってください。遊びをその通りに、完璧に行う必要もまったくありません。

それぞれの遊びを発展させてもいいし、できないことはやらなくてもいい。子どもと「楽しく、遊び尽くす」のが第一の目的です。遊び尽くすことは、子どもにとって本当に大切。お風呂の中で遊び尽くした経験が、自分のやりたいことをとことんやり抜く力、生きる力にもつながります。

❸自主性が伸びる

私がベビースイミングを教えるときに大事にしていた考えがあります。

それは、「子どもが生まれながらに持っている、自らを成長させていく力」を信じ、環境を整えながらサポートして、子ども本来の力を引き出すこと。これは、お風呂スイミングでも同様に大切な考えです。

お風呂スイミングを行うときに大事なのが、子どもの「好き」「やりたい」にとことん寄り添うこと。決して「次はこれをやって！」と、大人の都合で何かを押しつけたりしません。子どもが、自分で好きなものを選び続けることで、幼児期から「自分で選択する力」「自主性」が育まれます。

家のお風呂という子どももリラックスできる環境で、毎日少しずつ「自ら考え、挑戦する練習」をすることで、子どもの個性を伸ばすことができるのです。

4 自己肯定感が育まれる

私は「根拠のない自信」を持てることは、とても幸せなことだと思っています。「テストで100点をとったから、自分を信じることができる」のではなくて、たとえテストで良い点がとれなくても、何かを失敗したとしても、そんな自分を愛し信じることができることこそ、根拠のない自信を持つということでしょう。

能天気とか、楽天家とも違う、ただのポジティブ思考とも違う、その人のベースにある根拠のない自信。私はそれを「自己肯定感」とも呼んでいます。

自己肯定感が高い人は、明るくて自信にあふれた前向きな人、というイメージがありますが、そうではありません。

自分のいいところだけでなく、欠点も含めてありのままの自分を丸ごと受け入れ、「どんな自分もＯＫ」と言えるのが自己肯定感です。ですから、とても物静かで自己主張はしないけれど、自己肯定感が高い人もいるわけです。自己肯定感は、性格とは関係ないのですね。

お母さん、お父さんの間でも、「子どもにどうやって自己肯定感をつけるか」は重要な課題でしょう。なぜって、自己肯定感は生きる力そのものだからです。

人生はいいことばかりではありません。楽しいことやうれしいことがある一方で、苦しかったり、乗り越えなければならない試練にさらされることもあります。

それでも、「自己肯定感」さえあれば、「自分は大丈夫」と思えさえすれば、つらい状況でも次の行動を起こし、乗り切っていけます。

その自己肯定感を育むための第一歩として、赤ちゃんの時期からできるのが、お風呂スイミングなのです。

「なぜ、お風呂スイミングが自己肯定感につながるの？」と、不思議に思われた方もいらっしゃるかもしれませんね。

お風呂スイミングは、お風呂の中で子どもを抱きしめたり、やさしくタッチしたりするところから始めます。また、遊びの中で自然に肌と肌を触れ合わせます。

このように、お母さんやお父さんと子どもがスキンシップをとると、親子の愛着関係がより強く、深く形成されるといわれています。

愛着関係とは、親など身近な人と子どもとの間に育まれる心の絆のこと。愛着関係がしっかりと形成されると、子どもの中に「自分は大丈夫だ」「守られている」という安心感が生まれ、この安心感が自己肯定感につながります。

つまり、お風呂スイミングは自己肯定感の土台を育むことにつながるといえるのです。

また、お風呂スイミングでは、できるだけ子どもと肯定的なコミュニケーションをとることをおすすめしています。

1日中ずっと子どもに対して寛容で、肯定的な言葉を使うのは難しくても、お風呂の時間だけは切り替えて、温かい言葉で子どもを肯定してみる。

おもちゃが散乱している散らかり放題のリビングであれば、子どもに対してイライラしてしまうかもしれませんが、子どもと2人だけのお風呂であれば、親も気持ちの切り替えが簡単にできそうではありませんか?


こうしたお風呂スイミング時の「スキンシップ+肯定的な言葉がけ」によって、子どもの中に「根拠のない自信」をつけてあげられるはずです。


子どもの自己肯定感をアップさせるために、とにかく子どもをほめたり、やみくもに習い事をさせたりしている方もいらっしゃるかもしれません。

子どものためを思って行動すること、それは素晴らしいことです。

でも、そんなに難しいことをしなくても、お風呂で子どもを抱きしめ、楽しく遊ぶだけで、子どもの自己肯定感は高まります。

大人もリラックスしながら試してみてくださいね。

お風呂スイミングでのスキンシップが、子どもの自己肯定感につながる

Swimming in the Bathroom

一生懸命なお母さん、お父さんに覚えていてほしいこと

ここまでのお話で、お風呂スイミングを行うと「子どもにとっていいことがたくさんある」と、わかっていただけたと思います。

次の第2章からは、早速「お風呂スイミング」のやり方をお伝えしますが……「子どものためなら！」と、つい頑張ってしまいがちなお母さん、お父さんに忘れてほしくないことを、この章の終わりに確認させてくださいね。

「お風呂スイミング」で一番大切なのは、心から楽しむことです。

それも、お子さんだけでなく、親御さんも本当に楽しむのが大切です。

私はよく、スイミングスクールにいらっしゃる親御さんに対して、「こうさせたい、と子どもに対して思わないでください。またお子さんにも言わないでくださいね」

「お子さんをほかのお子さんと比べないでくださいね」

とお話ししていました。

これは口に出すのはもちろん、心で思っていてもダメなんです。

なぜかというと、小さな子であっても、お母さんやお父さんの気持ちはお見通しだからです。

スイミングスクールには、たくさんの子どもが来ています。ですからどうしてもお母さん、お父さんはほかのお子さんと自分の子を比べてしまったり、あるいは「うちの子にも、早くできるようにさせたい」と、焦ってしまったりしがちです。

「お母さんが焦ってる」「お父さんががっかりしている」ということは、口に出さなくても子どもには全部伝わります。

これらが伝わると、子どもは親の顔を見て行動するようになります。これでは「自分で選ぶ力」や「自分で主体的に考えやりきる力」は育ちません。

心で思うのもダメですよ。「比べない」って、簡単なようで難しいですね。

ベビースイミングでは特に、「なんのために月謝を払っているんだろう」と思うくらい、特別なことをしないで自由に楽しんでいる親子が、一番成長が早かったです(笑)。

これまで長い間、スイミングスクールで講師をしてきて、たくさんのお子さんを見てきましたが、「自由に遊べている子」「遊びきった子」の能力の伸びが早く、結果として成功していったことを実感しています。

遊びの中で、新しいことに挑戦したり、体を思い切り動かしたり、うまくいかないことを知恵を使って解決したり……。そうやって自発的に挑戦し、トライする中で、思考力や創造力など、非認知的な能力が育っていったのだと思います。

私が講師をしていたスイミングスクールでは、全員で同じプログラムをするのではなく、子ども1人ひとりの成長に合ったトレーニングや遊びを行います。

これまでスイミングを通して、さまざまな子に出会ってきましたが、ピアニスト

遊びが非認知能力を育む

になる夢を叶えた子、アーティスティックスイミングの選手になった子、海外の大手メーカーで働いている子など、自分の「好き」を見つけ、それに向かって行動できている子のほとんどが、スイミングのときも、自由に思い切り遊んでいました。

成長した彼らの話を聞くと「子どもの頃の遊びの重要性」を強く感じます。

幼児期に思い切り遊んでいると、自分の好きな道を自分の責任で進んでいく力が身につきます。幼児期は遊びこそが、学び。どれだけ自由に思い切り遊んだかによって、将来の子どもの自立力や主体性も変わってくるのです。

これはお風呂スイミングでも同じこと。「子どもの成長に役立ちそうなこと」を、大人はついさせたくなってしまいますが、子どもとお風呂の中でのびのび遊ぶことを大切にしてくださいね。

どうしてもほかのお子さんが気になってしまうお母さん、お父さんでも、お風呂スイミングなら大丈夫。そこにいるのはあなたとお子さんだけ。比べてしまうほかのお子さんはいません。

続く第2章からいろいろな遊び方を紹介していきますが、最初は抱っこするだけでもＯＫです。親子でとことん遊んでみてください。

第2章

やってみよう！
お風呂スイミング

「ゆったり&ゆっくり」がキーワード

お風呂スイミングはちょっとしたコツをつかめば、誰でもできます。子どもの首がすわってから始めるのがおすすめ。お風呂に入るタイミングで、子どもがご機嫌なときがチャンス。そして何より、お母さん、お父さんの気持ちと時間の余裕があるときに行いましょう。

頻度と時間帯

行う頻度にも、時間帯にも決まりはありません。それぞれの家庭のペースで、お母さん、お父さんとお子さんが好きなタイミングで行ってください。「絶対に週1でやらなきゃダメ」なんてことはありません。

水が好きになったら、毎日のようにやりたがるお子さんもいるでしょう。忙しいお母さん、お父さんなら、週末だけの特別な時間として行うのもおすすめです。

ゆったり&ゆっくりレベルアップ

お子さんが0歳なら、最初は5分くらいからスタート。慣れてきたとしても、長くて15分程度にしましょう。子どもが嫌がる様子を見せたり、顔色が変わってきたら、すぐに切り上げます。長すぎるとのぼせたり、逆に湯冷めしたりしてしまう可能性もあるので、子どもをしっかり観察し、様子を見ながら進めましょう。

お風呂スイミングの最終目標は、お風呂で浮けるようになること。「水に慣れる↓水に顔をつけられる↓浮く」を意識しながら進めていきましょう。

ただし、お風呂スイミングはトレーニングではありません。ゆったり&ゆっくり、少しずつレベルアップしていけばＯＫです。

また、水には危険があることを決して忘れないでください。入浴中、大人が目を離したすきに、子どもが溺れる事故は少なくなく、お風呂には危険もあります。お風呂で子どもを守れるのは「そばにいる大人だけ」です。「子どもから決して目を離さない」これを守ったうえで、お風呂スイミングを楽しんでくださいね。

浴室・お湯の準備で大事なこと

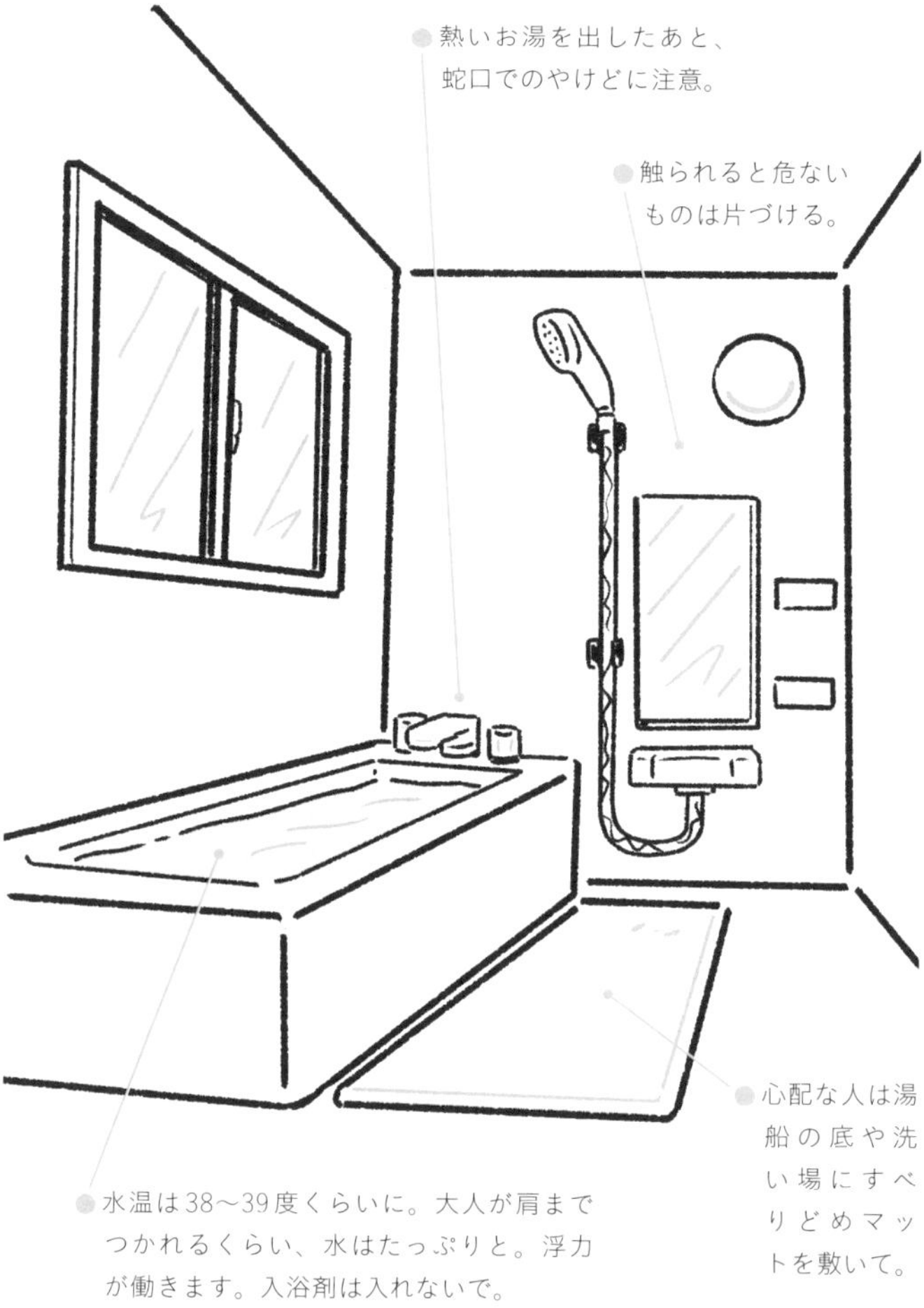
熱いお湯を出したあと、蛇口でのやけどに注意。
触られると危ないものは片づける。
心配な人は湯船の底や洗い場にすべりどめマットを敷いて。
水温は38〜39度くらいに。大人が肩までつかれるくらい、水はたっぷりと。浮力が働きます。入浴剤は入れないで。

まず、お風呂の温度は38〜39度程度にします。ベビースイミング教室の水温は、家庭では冷たすぎるのでやめましょう。子どもを抱っこした大人が転倒しないよう、すべりどめマットを活用しても◎。また、終わったらスムーズに着替えられるよう準備を。特に冬は湯冷めに注意。

こんな道具があると便利です

プラスチックのコップ

水汲みで遊ぶときに使います。複数用意しておくと遊び方も増えます。

じょうろや空のペットボトル

お気に入りのじょうろやペットボトルを用意。ペットボトルはビニールテープを巻くなどして装飾しても◎。

水に沈むおもちゃ

市販の「水に沈むおもちゃ」もあると便利。顔を水につけたり、水中に潜れたりするきっかけになります。

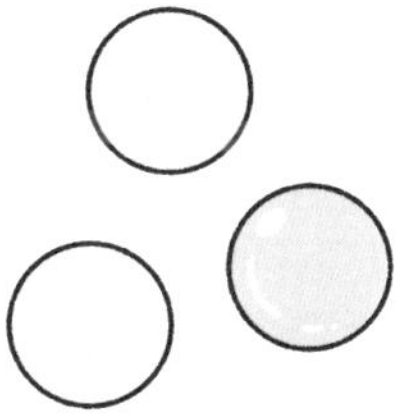

ボール

お風呂で遊べるカラーボールがおすすめ。子どもが誤飲しないように、直径５cm以上のものを選び、目を離さないようにしましょう。

いろいろな道具を使うと、お風呂スイミングでできる遊びの種類も増え、お風呂も楽しくなります。

ただし、なんでも口に入れたがる赤ちゃんの時期は誤飲しないよう、口に入るサイズの道具は使わないようにしましょう。

またペットボトルやコップが欠けていたり、壊れていたりすると指を切る恐れも。使う前には毎回チェックを忘れずに。

年齢別 お風呂スイミングのポイント

ここで紹介するポイントはあくまでも目安。子どもによって水慣れの度合いは違うので、様子を見ながら進めましょう。

0歳

※首がすわってから始めるのがおすすめです。

ポイント

好き嫌いがわかり、お母さん、お父さんと目を合わせたり、マネをしたりするようになります。たくさん話しかけながら、安心感の中で水に慣れさせましょう。水の中で刺激を受けることで、寝返りやハイハイなどの発達が促されるメリットも。水中毒（61ページ参照）に注意して。

おすすめの遊び

- **抱っこ&トントンマッサージ** → 64ページ
- **ゆ～らゆ～ら遊び** → 66ページ
- **お風呂でねんね** → 68ページ

1歳

ポイント

多くの子が歩き始め、動きも増えるため、水の中では転倒などに気をつけつつ、たくさん遊びましょう。遊びの中で顔への水かけに慣れてきたら、子どもの両脇を持ち、サッと水に潜らせてみても。ただし無理はせず、泣いたらすぐ抱っこしてあげましょう。

おすすめの遊び

- **高い高い** → 69ページ
- **バシャバシャゲーム** → 70ページ
- **ゆび懸垂** → 78ページ

2歳

ポイント

イヤイヤ期も重なり、水慣れしていない子やシャワーが嫌いな子は嫌がることも。「今日はお風呂で遊ぼうか」と声かけをして、少しぬるめのお湯で、これから楽しいことをするんだ、という雰囲気づくりを。遊びながら顔に水をかけ、慣らしていきましょう。

おすすめの遊び

- **ボールくるくる** ↓ 71ページ
- **ぐるぐるうずまき** ↓ 72ページ
- **タオルクラゲ** ↓ 75ページ

3歳

ポイント

言葉で伝えられる年齢かつ、体力もついてくる時期なので、楽しく遊びつつ、その子の段階によって「顔をつけてみよう」「トンネルをしてみよう」などと目標を決めて声かけを。否定的な言葉かけや命令はせず、一緒に楽しむのが何より大切です。

おすすめの遊び

- **タオルしぼり・スポンジしぼり** ↓ 74ページ
- **トンネルくぐり** ↓ 86ページ
- **何を書いたか、当ててみて！** ↓ 91ページこれだけはNG!

お風呂スイミングでやってはいけないこと

子どもの安全を守るために絶対にやってはいけないこと、気をつけてほしいことをまとめました。次のことはやらないよう注意してください。

NG 1 子どもから目を離す

どんなときでも、決して子どもから目を離さないでください。これは赤ちゃんだけでなく、幼児でも同じです。「湯船の中に立てるから」大丈夫、ではありません。少しの水でも子どもは溺れます。

また、事故防止のためにも誰もお風呂に入っていないときは、お風呂の栓は必ず抜きましょう。

0歳の赤ちゃんは、口に水が触れると反射的にどんどん飲み込んでしまい「水中毒」になることもあります。抱っこするときは、口に水面がつかないように注意しましょう。

気づかないうちに子どもが水を飲むことも。抱っこ時には、子どもの口の位置に注意！

NG 2 体調がすぐれない日に行う

子どもの体調が悪い日は行わないで。親御さんが体調不良、寝不足のときも、子どもの安全を守れないのでやめましょう。

NG 3 泣いていたり、嫌がっているのに無理やり行う

お風呂スイミングは、子どもがご機嫌なときに行うのがベスト。早くやらせたいから……と無理やり行うと、水が嫌いになることもあります。また、子どもの様子をしっかり観察し、体調や顔色が悪くなったらすぐ中止してくださいね。

NG 4 親の都合で振り回す

お風呂スイミングはリラックスしてゆったり楽しみながら行うもの。行う時間は5～10分と短くてもいいのですが、「早く早く」と急かしながら行ったり、これをやりなさいと押しつけたりするのはNG。時間がないときにバタバタやるよりも、余裕がある日に行いましょう。

POINT

水中毒って？

血液中のナトリウム濃度が下がり、低ナトリウム血症となる状態。短期間に大量の水を飲むと発症し、嘔吐、けいれん、意識障害などが出ます。めったに起こることはありませんが、小さい子であれば水を飲む量を調整できないことがあるため、注意が必要です。

耳のケアについて

子どもの耳に水が入ると、耳の中まで拭いてあげたくなるのですが、お風呂上りは特に耳が傷つきやすいので、めん棒などで拭く必要はありません。耳の中の水が気になるようなら、自然に水が出るよう横向きに寝かせてあげましょう。

適切な水分補給

お風呂に入ると体力を使い、汗もかくので、お風呂上りには、できるだけ水分補給を。

子どもの力を伸ばす「コミュニケーション」のコツ

お風呂スイミングでは、次のことを意識して子どもとコミュニケーションをとってください。お風呂の時間がより楽しく、充実したものになるはずです。

できたことは思い切りほめよう！

できたことを子どもと一緒に思い切り喜び、ほめてください。顔に水をつけようとしたけれど、最後までできなかった……という場合でも、「やろうとした」こと自体を存分にほめてあげてくださいね。

遊びを提案するのはOK。でも、強制はしない

「これやってみる？」と親から遊びを提案してもよいですが、子どもが嫌がったらやらないで。一番大切なのは、子どもの意思を尊重することです。

子どもがやりたがる遊びがあれば、何度でもやってOK

何度もやりたがるのは、やる気が出ているから。同じことをやっているようでも、子どもの行動は、日々少しずつ変わるはずなので、焦らずに。

子どもがやりたがる遊びには、どんどんのってみよう!

本書で紹介する遊びはあくまでアイデアのひとつ。本書で紹介していない遊びでも、子どもが新しい遊びを生み出したら、どんどん一緒にやってくださいね！

楽しい・気持ちいい・すてきなことは、言葉にして子どもに伝える

「お湯が気持ちいいね」「上手にできたね」「水の流れが面白いね」など、言葉にして伝えましょう。ポジティブな言葉のシャワーが子どもの心を育てます。

子どもの身に危険が及ばない限り、否定的な言葉は使わない

子どもの安全・命を守るとき以外は、「そんなやり方じゃダメ！」「なんでできないの！？」など、子どもを否定するような言葉は避けましょう。

抱っこ&トントンマッサージ

おすすめの年齢 0～1歳

POINT

- 湯船にいる人に外から子どもを渡すのではなく「抱っこしたまま湯船に入る」。
- お母さんの心臓のそばに子どもを抱くと、より安心します。

やり方

片手で子どものお尻を支えて、もう片方の手で背中を支え、胸と胸を密着させるように抱っこし、一緒に湯船に入ります。子どもの機嫌がよいときに行うのがベスト。余裕があればやさしく背中をトントンしたり、腕や背中などをなでたりします。特に最初はシャワーなどしなくてよいので、密着したまま湯船に入り、抱っこしたまま肩までつかります。0歳くらいのお子さんは、皮膚がつるつるして滑りやすいので気をつけてください。最初は肌着を着たままお風呂に入ってもよいでしょう。

離れて近づいて

おすすめの年齢
0〜2歳

POINT

● 子どもと目を合わせて、「気持ちいいね〜」「ゆらゆら楽しいね〜」「近づいてきたよ〜」など、話しかけながら行って。ポジティブな言葉がけが、子どもの脳と心を育みます。

やり方

64ページの「抱っこ」の状態から、少しずつ子どもを離していきます。子どもと向き合って、目を合わせながら両脇（胸郭あたり）を支え、ゆっくり大人から離したり、近づけたりをくり返しましょう。このとき、子どもの状況に合わせてポジティブな声がけを。体を離したときに子どもを少し揺らしてあげると、水の感覚をより感じられ、五感へのよい刺激になります。子どもが泣いたら、すぐに抱っこに戻して。不安になったら抱きしめてもらえるという安心感が大切です。

ゆ〜らゆ〜ら遊び

おすすめの年齢 0〜2歳

スペースが十分にないときは、子どもをななめ前に動かしても。

やり方

子どもと向き合い、腕が自由に動くように両脇を支えて抱き上げたら、ゆっくりと左右に子どもの体を動かします。子どもの体に水の抵抗がかかるように、ゆっくりと。このとき、子どもの体はできるだけ肩まで水につかるようにします。子どもを右へ動かすときは子どもの右肩を下げ、左へ動かすときは左肩を下げ、子どもの体を斜めにしながら、くり返し動かします。

大人も子どもも動きに慣れてきたら「キックキック」と、声がけしてください。子どもが自然に水中

POINT

- 子どもを左右に揺らすときは、「子どもの背骨に刺激を与えるよう」意識しながら、動かしましょう。

バチャ
バチャ

動いている最中に
キックができたら◎。

でキックをするようになります。体を左右に動かしている最中に、子どもが水面をバチャバチャと叩けたら、一緒にその動きを喜びましょう。

子どもを抱いたまま一回転したり、子どもが外向きになるように抱っこしたりしてみてもいいですね。子どもが外向きになっているときは口元が見えないので、子どもが水を飲まないように気をつけて。この運動は、水の抵抗により負荷がかかり、運動強度が増します。親御さんからは、「この運動を始めたら、子どもが寝返りをするようになった」という話をよく聞きました。

お風呂でねんね

おすすめの年齢 0～1歳

POINT

● 横向きのときは、しっかり耳を水につけてあげてください。中途半端に水につかないほうが耳の中で水がごろごろし、気持ち悪く感じるでしょう。

やり方

まず親が肩まで湯船につかり、胸をそらします。子どもの頭を親の胸の上に乗せ、片手で子どものお尻を支え、お湯に対して子どもを水平に浮かせます。この姿勢に子どもが慣れてきたら、水の中で子どもを横向きに抱きます。片手で子どもの頭を支え、もう一方の手でお尻を支えましょう。浮力を生かし、子どもの体はできるだけ軽く支えて。

子どもの顔をのぞき込み、目を見て話しかけたり、ゆりかごのように子どもの体をゆっくり動かしたりします。

高い高い

おすすめの年齢
6カ月〜3歳

●揺さぶられっ子症候群の恐れがあるので、念のため6カ月から始めましょう。

やり方

子どもと向き合い、子どもの両脇を支えるかたちで抱きます。この体勢のまま、まず大人が体を上下に動かし、子どもの体も一緒に上下させます。これに慣れたら、子どもと目を合わせたまま、大人がゆっくり腕を伸ばし、「高い高い」をしてみましょう。視野が変わり、水の中から体が出る感覚が面白いようで、子どもはとても喜びます。5秒ほど、子どもを頭上に上げたらゆっくり下ろします。歌を歌いながら行ったり、慣れてきたら外向き抱っこで行ったりしてもいいでしょう。

POINT

- 子どもの脳が損傷する可能性があるので絶対に放り投げたり、速いスピードで子どもを動かしたりしないでください。
- 子どもを外向きに抱いたときは、子どもが水を飲まないよう、口の位置に気をつけてください。

バシャバシャゲーム

おすすめの年齢 0〜3歳

POINT

● まだ自分で立てない月齢の子を支えるときは、腕が自由に動くように脇をつかむのではなく、胸郭を包み込むように抱きましょう。

やり方

お風呂でいつでもできる遊び。両手でバシャバシャと水面を叩き、水しぶきをつくります。まずは大人がパシャパシャと水しぶきをつくり、子どもにマネしてもらってください。

遊んでいるうちに水しぶきが大きく立つようになったら、そのまま水かけっこをしてもいいでしょう。子どもはなぜか、自分が立てた水しぶきは嫌がらないので、この遊びをきっかけに、水が顔にかかっても大丈夫になる子も多いです。顔に水がかかるのに慣れると、早く潜れるようになります。

POINT

- 乳幼児でも、手でつかめる大きさのボールが望ましいですが、口に入れないように注意（サイズは57ページ参照）。

ボールくるくる

おすすめの年齢 1〜3歳

やり方

水に浮くボールをお風呂に入れて遊びます。遊び方はいろいろ。手でタッチする、つかむ、沈めて浮かぶのを楽しむ、投げる、くるくる回す……などして、自由に遊びましょう。

大きいお子さんなら、複数の色違いのボールを使って、「同じ色のボールを集めて」とお願いしたり、ボールをバケツに入れたり出したりする遊びも◎。

水に浮くボールをつかむのはなかなか難しいもの。小さい頃に育てたい手指の巧緻性《こうちせい》を育み、物をつかむ練習にもなります。

ぐるぐるうずまき

おすすめの年齢 2～3歳

POINT

- ボールやおもちゃを水に入れた状態で、水をぐるぐるかき回してみても。おもちゃがぐるぐる回る様子を楽しめます。

やり方

なんてことのない遊びに見えますが、実は手で水をキャッチする練習になり、泳ぎの基礎につながります。「洗濯機だよ」などと言って大人がダイナミックにぐるぐると水を回してみせ、動きをマネしてもらうなどして、自由に遊びましょう。手を左右に少し動かすだけで渦をつくることもできるので、大人も挑戦してみてくださいね（これはスカーリングという水泳の技術です）！

この遊びは、水の抵抗があるので腕の運動になり、筋力アップにもつながります。

コップ、できるかな？

おすすめの年齢
0～3歳

●コップをつかめるようになったら

POINT

●面白くてずっとやり続ける子が多いので、適切なタイミングで切り上げて。子どもがのぼせないよう注意しましょう。
●カップコンディショニングを嫌がったら無理に行うのはやめましょう。

やり方

子どもが大好きな遊びです。コップに水を汲んだり、バケツに水を移したり、コップを複数用意して、コップからコップに水を移し替えたりしてみましょう。コップに入った水をお互いの頭にかけ合うのもおすすめ。

鼻や口から水が入らないよう、頭の真上からサッと一瞬水をかけてみましょう（カップコンディショニング）。水慣れも進みますし、自然に息を止める練習にもなります。カップコンディショニングはできるだけ早い時期から始めるのがおすすめです。

ただ、やりすぎると水が嫌いになるので、注意してくださいね。

タオルしぼり・スポンジしぼり

おすすめの年齢 0〜3歳

やり方

タオルやスポンジに水をふくませ、つかんだり、しぼったりする遊び。

最近、ぞうきんをしぼれないお子さんや、ペットボトルのキャップを開けられないお子さんが増えているといいます。小さい頃から物をつかんだり、しぼったり、手指や手首を使う動作をたくさんしておくと、脳にもよい刺激になります。タオルやスポンジをしぼる力だけでなく、ぐしゅぐしゅとなる感覚や、水がしたたり落ちる感覚も楽しめます。

POINT

- スポンジを足で踏んでみるのも、よい感覚遊びになります。湯船に遠慮なくタオルやスポンジを入れられるのは、家だからこそ！　思い切り楽しんで！

タオルクラゲ

おすすめの年齢
0〜3歳

POINT

● 月齢が小さい子の場合は大人が見せてあげるだけでも◎。薄いタオルのほうがうまくできます。

やり方

お母さん、お父さんも小さい頃、やったことがあるのでは？ まず、ハンドタオルを広げて湯船に浮かべます。タオルの下から両手を入れ、タオルの中に空気を入れてふくらませます。ふくらみの下を持ち、風船の形のように握ったらタオルクラゲの完成！ 大人がつくって子どもに触らせたり、子どもにつくってもらってもよいでしょう。できたクラゲは、お湯に沈めるとタオルからシュワシュワと泡が出ます。空気でふくらんだタオルを押したりつぶしたりしても感触を楽しめます。

ジョウロでシャワー

おすすめの年齢 0～3歳

●ジョウロを持てるようになったら

やり方

ジョウロで水をかけ合う遊び。こちらも73ページ同様、子どもが大好きな遊びなので、お風呂に入りたがらないときの切り札として使っても。水が落ちていく様子は子どもにとって面白いもの。ジョウロに水を入れ、親子でお互いにかけ合いっこをしたり、鏡に水をかけてみたり。慣れてきたら子どもの後頭部や背中にシャワーのようにかけてみましょう。水をかける場所を少しずつ頭の上のほうにずらし、最後は顔に自然に水が落ちてくるようにします。こうすることで水に早く慣れます。

POINT

- 子どもの顔が見えないので、水を飲んでいないかチェックしましょう。

おすすめの年齢 1～3歳

海賊船で出発！

やり方

親子で同じ方向を向いて湯船に座り、子どもをひざの上に乗せます。2人で海賊船に乗っているようなイメージで体を左右に揺したり、前に進んでみましょう。「わ～、大きなサメが来た！」などと言いながら体を一緒にかたむけたり、体を沈めたり。

子どもの想像力が高まるだけでなく、大人が後ろで支えてくれることから、親子の安心感や一体感も生まれます。

ゆび懸垂

おすすめの年齢 0～1歳

POINT

- 大人が子どもの腕を引っ張り上げると、腕が抜けてしまうことも。必ず子ども自身の力で指を握らせ、懸垂させてください。
- 子どもが後ろに倒れたらすぐに支えられるようスタンバイしつつ行って。

やり方

お座りが安定してから行う遊びです。湯船の中で子どもと向き合い、大人のひざの上に子どもを座らせます。このとき、子どもとお風呂のふちとの間に十分に間隔を空けてください。子どもの手のひらに大人の親指または人差し指を入れて握らせます。そのまま、大人はゆっくり大人の手を上に上げ、脚を開きます。脚の間に子どもを立たせましょう。

子どもが手を離して後ろに倒れないよう、ゆっくり、慎重に。水の浮力で子どもの体重が支えられるので、子どもはラクに指につかまることができるはずです。

手指を使うトレーニングになり、胸郭の発達も促せます。

ひざ上キック

おすすめの年齢 0〜3歳

POINT

● 足首の力を抜いてキックすると、水泳をするときに役立ちます。

やり方

大人のひざの上に子どもを座らせ、子どもに脚をバタバタと動かしてもらいます。「どれくらい水しぶきが上がるかな?」などと言って、たくさんバタバタさせましょう。

脚を思い切り動かすだけでも十分楽しいですし、脚力を鍛えることができますが、できればひざを曲げないように、脚全体を使ってキックできるよう、サポートしてみましょう。

ブクブク遊び

おすすめの年齢　0〜3歳

POINT

- 無理やりやらせず、まずは大人がやって見せ、子どもがマネするのを待ちます。

やり方

最初は大人がやって見せ、マネをしてもらいます。やり方は簡単。まず、大人が口をとがらせて水面につけ、水面を吹きます。ブクブクと泡が出てくる様子を見せてあげてください。子どもがマネしたがるようなら、そのままやらせてあげましょう。もし、お風呂の中で立てない月齢の子であれば、子どもと向き合って両脇をしっかり抱え、子どもを水の中に静かにおろし、口まで水につけてみます。大人のマネをして、ブクブクができたらすぐ水から引き上げます。

水中じゃんけん

おすすめの年齢
2〜3歳

やり方

じゃんけんのルールがわかる子向けの遊びです。

大人と子どもが向かい合って座り、水中でじゃんけんをしてみましょう。簡単そうに見えますが、水の中で出している手を見極めたり、水の中でグー、チョキ、パーをつくったりすることは、普段やり慣れていないので楽しい運動になりますよ。

スペースに余裕がある場合は、大人と子どもが潜ってじゃんけんをしてもOK。この場合は、ゴーグルをつけてもよいですね。

おすすめの年齢　1～3歳

どこまでいけるかな⁉　顔つけ

POINT

● 「焦らず、ゆっくり行うこと」「子どもが水を飲まないよう注意すること」を忘れずに。

やり方

ブクブク遊び（80ページ）ができた子向けの遊びです。

これもまず、大人が見本を見せてあげます。思い切り息を吸って頬をふくらませ、口をしっかり閉じたまま、口から下を水中に入れます。1秒くらいしたら勢いよく「パッ」と言って、水面上に口を出しましょう。

これができたら、口まで水につけて「パッ」と水面に出る↓鼻まで水につけて「パッ」と水面に↓顔を全部水につけて「パッ」と水面に出る……と、ステップアップしていきます。

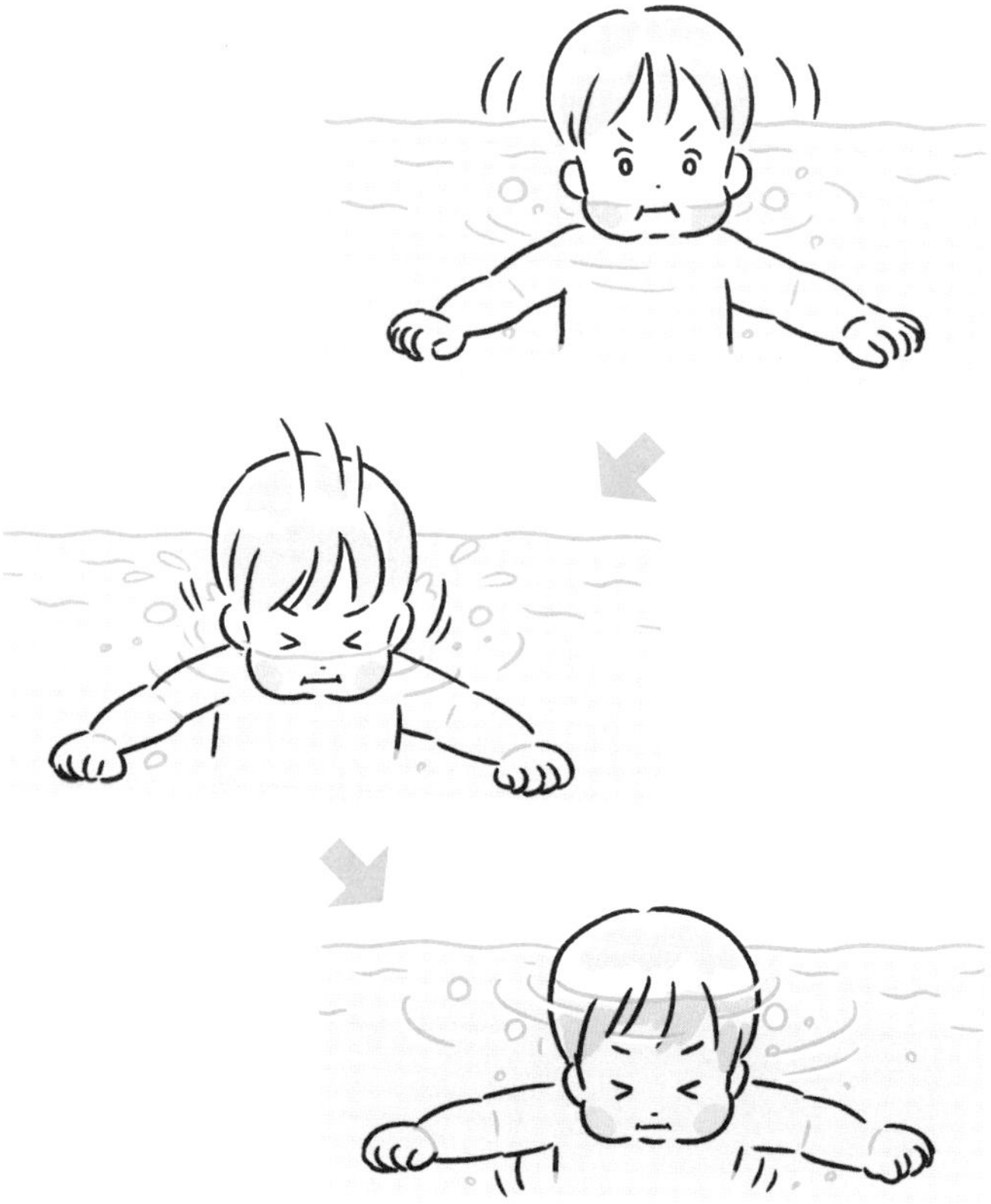

すべて大人が見本を見せた上で、子どもがやりたがったら少しずつ行ってみて。

子どもが顔を水につける前に、頬に入った空気が口から抜けないか確認してください。十分に頬をふくらませてから顔つけを行うと、鼻から水を吸い込むことがありません。大人がお湯を両手ですくい、そこに「ペッタンするよ～」などと声がけして、子どもの顔をつけてもらう方法もおすすめです。

また、子どもの両脇を持って横に抱え、一瞬さっと水に子どもを潜らせてみるのも◎。子どもが水を飲んだり、お風呂のふちにぶつかったりしないよう注意しつつ、たまに行ってみてください。早く泳げるようになりますよ。

素潜りゲット

おすすめの年齢
2～3歳

やり方

水に沈むおもちゃ（57ページ）を用意します。

湯船の中におもちゃを沈め、潜ったり、水の上から手を伸ばしておもちゃを取る遊びです。

潜って行うときは、水中で目を開けて探すため、ゴーグルを使ってもOK。大人とどちらが早く取れるか競争してもいいですね。一度できるようになると、水中という日常とは違う世界が面白くなり、潜るのが好きになるでしょう。

おすすめの年齢 3歳

水中カウント

POINT

● お湯の温度に注意！熱いと潜れないので38〜39度くらいになっているかをチェックして。

やり方

水に潜るのに慣れてきた子向けの遊びです。小学生以上のお子さんも喜んで行うので、試してみて。水中に潜り、潜っていられた秒数を大人がカウントします。大人と一緒に潜り、どちらが長く潜れるか競争しても楽しいですね。

ただし、慣れないうちは、長く潜るのは絶対にやめましょう。最初は3秒くらいを目安に。この遊びのとき、大人は決して子どもから目を離さないでください。

トンネルくぐり

おすすめの年齢
2～3歳

やり方

水に潜れるようになったお子さん向けの遊びです。

大人は湯船に立ち、お子さんが通り抜けられるくらいの幅に脚を広げてトンネルをつくります。

子どもは、その脚の間を、ハイハイするような感じでくぐり抜けます。とても楽しい遊びですし、全身の運動になるでしょう。

溺れないように子どもから目を離さないこと、そして、子どもが水を飲まないように注意しましょう。

息継ぎ遊び

おすすめの年齢 2～3歳

やり方

顔つけ（82ページ）ができた子向けの遊びです。

息を止めて水に顔をつけ、水面から顔を出し「パッ」と息を吸う。これをできるだけ早く、何度もくり返してもらいます。「んーパッ」「んーパッ」などと連続したリズムで声がけをします（んーで息を止めて水に顔をつけ、パッで息を吸う）。この運動は泳ぐときの息継ぎの練習につながります。

このときも子どもから目を離さず見守ってあげてくださいね。

背浮きでプカプカ

おすすめの年齢 0～3歳

やり方

最初は必ず大人の補助が必要です。68ページの「ねんね」の延長としてやってみてもよいでしょう。

子どもの後頭部とお尻を下から支え、横向きに抱きます。このとき、子どもの耳がしっかり水の中に入るようにしてください。その体勢で子どもがリラックスしているようなら、子どもの体を少しずつ、大人から離します。

しばらくそのまま仰向けでいて、子どもの体勢が安定しているようなら、頭を支える手をそっと離しましょう。

体勢が崩れないようなら、お尻を

POINT

- 緊張が強い子は肩をほぐしたり、マッサージしたりするとリラックスできます。
- 浮くのに大事なのは頭の位置。耳が全部入るくらい頭が水につかっていると、浮きやすいです。

支える手もそっと離します。子どもは、仰向けでゆったり浮くことができるはずです。もし子どもが水に沈んでしまうようならすぐに水から引き上げて。

68ページの「ねんね」でご紹介した、子どもの頭を親の胸の上に乗せ、片手で子どものお尻を支え、お湯に対して水平に子どもを浮かせる方法のほうが安定する場合は、その体勢で行い、徐々に手を離していってもよいでしょう。

子どもの体の力が抜けるよう「浮くよ〜気持ちいいよ〜」とやさしく声がけをしてください。

水の中で浮くことは、すべての泳ぎの基礎になりますし、もしものときに「浮くコツ」を知っていると、命を守ることもできます。

何を言っているでしょう⁉ クイズ

おすすめの年齢 2〜3歳

やり方

水中で話すのはかなり難しく、やや レベルの高い遊びです。

潜れるお子さんの場合、潜って水中でしゃべり、大人は子どもが何を言っているのかを当てます。

潜れないお子さんなら大人が水に潜って話し、何を言ったかを子どもが当てます。もちろん、お互いに潜ってもOKです。頭まで潜れないお子さんの場合は、口だけ水中に入れて話してもいいですよ。子どもから目を離さないでくださいね。

POINT

- 水中で話すときに、水を飲まないように注意しましょう。
- イラストのように大人が湯船の外にいる場合は、できるだけ湯船の近くにいること。そして、絶対に子どもから目を離さないでください。

おすすめの年齢 3歳

何を書いたか、当ててみて！

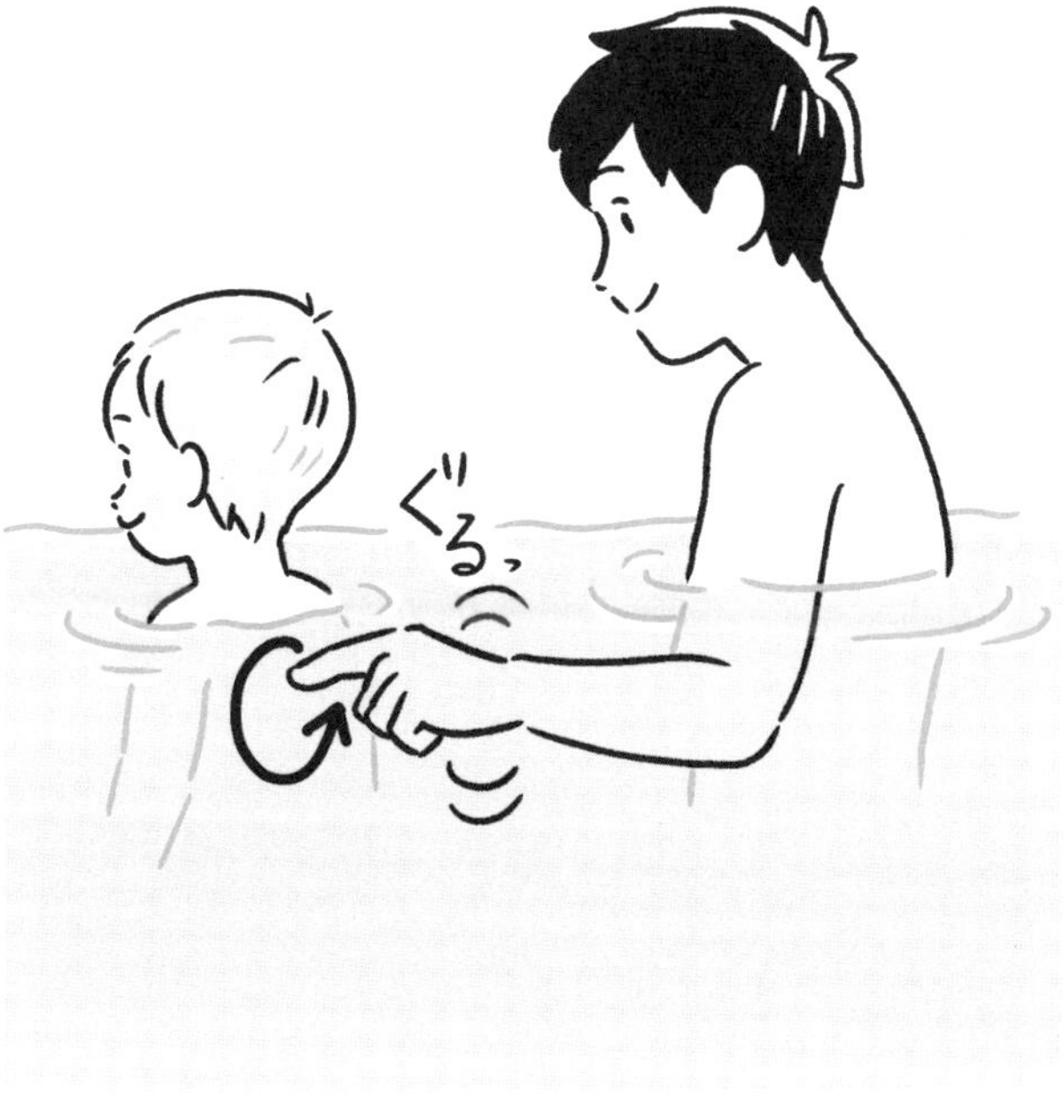

やり方

大きいお子さん向けの遊びです。子どもを肩まで水中につからせて、子どもの背中に○や□などの記号をできるだけ大きく書きます。

「何を書いたかわかる？」などと言って当てさせてみましょう。子どもが書く側になってもＯＫです。

文字や数字がわかるお子さんには「あ」「1」などの文字・数字を書くのもいいですね。

お風呂スイミングQ&A

Q　親が泳げなくても大丈夫？

A　一緒に楽しめれば大丈夫です

親が泳げない、あるいは水が苦手でも大丈夫です。52ページで触れたアーティスティックスイミングの選手になった子のご両親も、泳げなくて水が苦手だとおっしゃっていました。子どもを主体にすることが一番なので、親は一緒に楽しむことができれば十分です。

Q　お風呂のお湯は汚い気がします。口をつけてもいいの？

A　心配なら一番風呂（新しい水）で行いましょう

「プールは衛生管理をしているからきれい、お風呂は不衛生」と思われる親御さんがいらっしゃいます。プールは塩素が入っていて殺菌されているのに対して、浴槽のお湯には雑菌が繁殖しているイメージがあるようです。でも、飲むわけではないですし、家のお風呂は家族しか入りません。不特定多数の人が入るプールより、むしろ安心な面もあるかもしれませんよ。どうしても心配なら、お風呂スイミングをするときは一番風呂に入るようにしてはいかがでしょうか。飲まないとはいえ、口に入る恐れはあるので、お風呂スイミングをするときは、入浴剤などは入れないでくださいね。

Q スイミングを習い始めたあとも、お風呂スイミングをする子はいますか？

A お風呂スイミングをする子もいます

お風呂スイミングはベビースイミングの前段階、という印象があるかもしれませんが、スイミングを習い始めたあとも、水が好きな子は、お風呂で潜って遊んでいるようです。ただ、体が大きくなれば、お風呂で遊ぶよりもプールで泳ぐほうが楽しくなるでしょう。

Q 水慣れしていると、学校の水泳の授業でも役に立ちますか？

A 水への恐怖心がなくなるので、役立ちます

水に関してネックになるのは「恐怖心」です。恐怖心がなくなれば、水に対する向き合い方がまったく違ってきます。お風呂スイミングをして水慣れしていた子は、泳げる泳げないにかかわらず、水への恐怖心がない分、上達も早いでしょう。もちろんどんな子でも、水慣れはしますし、泳げるようにもなりますが、年齢を重ねるほど時間はかかります。

Q 浴槽が小さいのですが、お風呂スイミングはできますか？

A 子どもを抱っこして入れれば、OKです

浴槽が小さくても、大人が子どもを浴槽内で抱っこできるなら十分です。手で水をパチャパチャして遊ぶ程度でも、抱っこしながらお話するだけでも、子どもの発育にとって大切な時間になるはず。ぜひ、楽しんでみてください。

Q 上にきょうだいがいますが、子ども2人一緒にお風呂スイミングはできますか？

A お風呂スイミングは親子1対1が原則です

通常の入浴は、お兄ちゃん、お姉ちゃんたちと一緒に入っても構いませんが、お風呂スイミングに関しては、子どもから目を離さず、安全第一で行う必要があるため、1対1が原則です。

1対1だからこそ、しっかり親子の絆を深めることができます。そもそも浴槽の広さからしても、大人1人に子ども2人が入った状態でお風呂スイミングをするのは難しいでしょう。もちろん、下のお子さんをどなたかが見てくれるときがあれば、上のお子さんとも1対1でお風呂に入って絆を深めてくださいね。

Q お風呂で潜ったあとに、耳に水が入っていないか心配なのですが？

A 心配な場合は横向きに寝かせましょう

プールでもお風呂でも、耳に水がたくさん入ってトラブルが起こるといった心配はまずありません。ただ、赤ちゃんは自分では何もできませんから、気になる場合は、お風呂スイミングのあとはタオルでやさしく耳を拭き、横向きに寝かせましょう。耳の中を綿棒でつつくと傷がつくので避けましょう。

Q 同じ遊びばかりやりたがるのですが、よいのでしょうか？

A やる気が出ている証拠。とてもいいことだと思います！

楽しいからこそくり返しやりたがるのでしょう。とてもよいことだと思います。ただ、コップやジョウロで遊んでばかりいる場合は、本来の「水と遊ぶ」ということから離れてしまっているため、親子での水を使った楽しい遊びを提案してみましょう。

自由に遊ぶことはとても大切なのですが、「顔をつける」「水で浮く」という目標も忘れないで。さりげなくサポートしてあげられるとよいですね。

Q たった5分で効果はありますか？

A もちろんあります！ 体験したことがあるのとないのでは大きな差が出てきます

効果はあります。たった5分、水をかき混ぜるだけ、ボールで遊ぶだけ、水しぶきをあげるだけ……。これで、子どもにとっていいことが起きるのかな？ と不安になる方も多いようですが、たった5分できるかできないかは、将来大きな差となります。短い時間であっても、自分で選んで集中して行った事実が大切です。日々の5分が、将来を切り開く大きな力になりますよ。

Q やりたがらないときが多いです。やる気を出させるにはどうしたら？

A やりたがらないときは、やらなくてOKです

子どもに無理やり「やらせよう」としていないでしょうか。子どもってとても素直。命令されてやるのは嫌だ！　という子がほとんどだと思います。

本来、水と遊ぶことはとても楽しいこと。だからこそ、遊ぶたびに毎回新しい発見があるはずです。自分の好きな遊びを思い切りできるとわかっていれば、自然とお風呂スイミングができるはず。その延長で、いつの間にか潜れるようになります。

もし、どうしてもやりたがらないときは、何もやらなくてもいいです。ただ、親子で楽しく会話する、目を合わせるだけの時間にして大丈夫。「強制されないんだ」とわかり、気持ちがほぐれたら、自然とやりたい遊びを見つけられるはずですよ。

Q 水風呂でやってもいいですか？

A 赤ちゃんは絶対に水風呂に入れないでください

ベビースイミングの教室ではだいたい水温を32度に設定しています。これは、活発に動くことが多いため。ご家庭では冷たすぎる温度です。まして水風呂では、体温調節が不安定な0〜1歳の赤ちゃんは体が冷えてしまうので、やめましょう。2歳以降なら、暑い日に少し水風呂に入る程度はいいですが、子どもが冷えていないか必ず様子を見るようにしてください。

Q　体を洗ってから、お風呂スイミングをすべきでしょうか？

A　最初のうちはお風呂スイミングを先に

まだお風呂に慣れていない赤ちゃんの場合は、お風呂スイミングをして、ゆっくりお風呂に慣れてから体を洗ったほうがスムーズです。

たとえば、シャンプーを嫌がって泣いたあとに、お風呂スイミングなんてやってくれませんものね。そのためにも、お母さん、お父さんの時間の余裕があるときに行いましょう。お風呂に慣れてきたら、どちらを先に行っても構いません。

COLUMN

水難事故防止のために

ベビースイミングはもともと、欧米で水難事故予防のために始まりました。家庭でも、水難事故予防のためにできることを紹介します。

1「着衣水泳」をお風呂で体験する（3歳〜）

服は水を吸うととても重くなります。

言葉でコミュニケーションがとれるようになってきたら、余裕があるときに、服を着たままバスタブに入ってみてください。

服を着て水につかる経験をすると、どれだけ体が重くなるかわかります。このことで、もしものときにパニックを防ぐ目的です。素材によって浮きやすい服と重くなりやすい服も知りましょう。本当におぼれやすいので大きい子であっても、必ず大人がそばにつくこと。すぐ助けられるよう油断しないでくださいね。

2 ペットボトルを持って浮いてみる（3歳〜）

水に流されてしまったときは、とにかく力を抜いて「浮く」ことが大切。動くと体が沈み、体力を消耗してしまうため、危険です。

万が一のときに備えて"浮き"になるものを使って、浮く練習をしておきましょう。ペットボトルを胸にかかえて力を抜き、仰向けに浮いてみてください。着衣水泳の流れのまま行ってみてもよいですね。

大人は頭やお尻を支えて、子どもが浮きやすいように補助してあげてください。

第3章

お風呂の時間が「子どもの心」も育てます

Swimming In the Bathroom

スキンシップ＋言葉がけで、心の絆を育もう

第2章でお風呂スイミングの間はできるだけ、肯定的な言葉がけやコミュニケーションを心がけてほしいとお伝えしました。

私は、お風呂スイミングを行わないときであっても、子どもと関わるときはできるだけ、肯定的なコミュニケーションや声がけを意識してほしいと思っています。

もちろん、毎回そういったコミュニケーションをとるのは難しいでしょう。お母さんやお父さんだって疲れていたり、やることに追われていたりするときもあります。余裕がないときは、つい子どもに対してきつい言い方をしてしまったり、否定ばかりしてしまうのも、仕方がないことです。

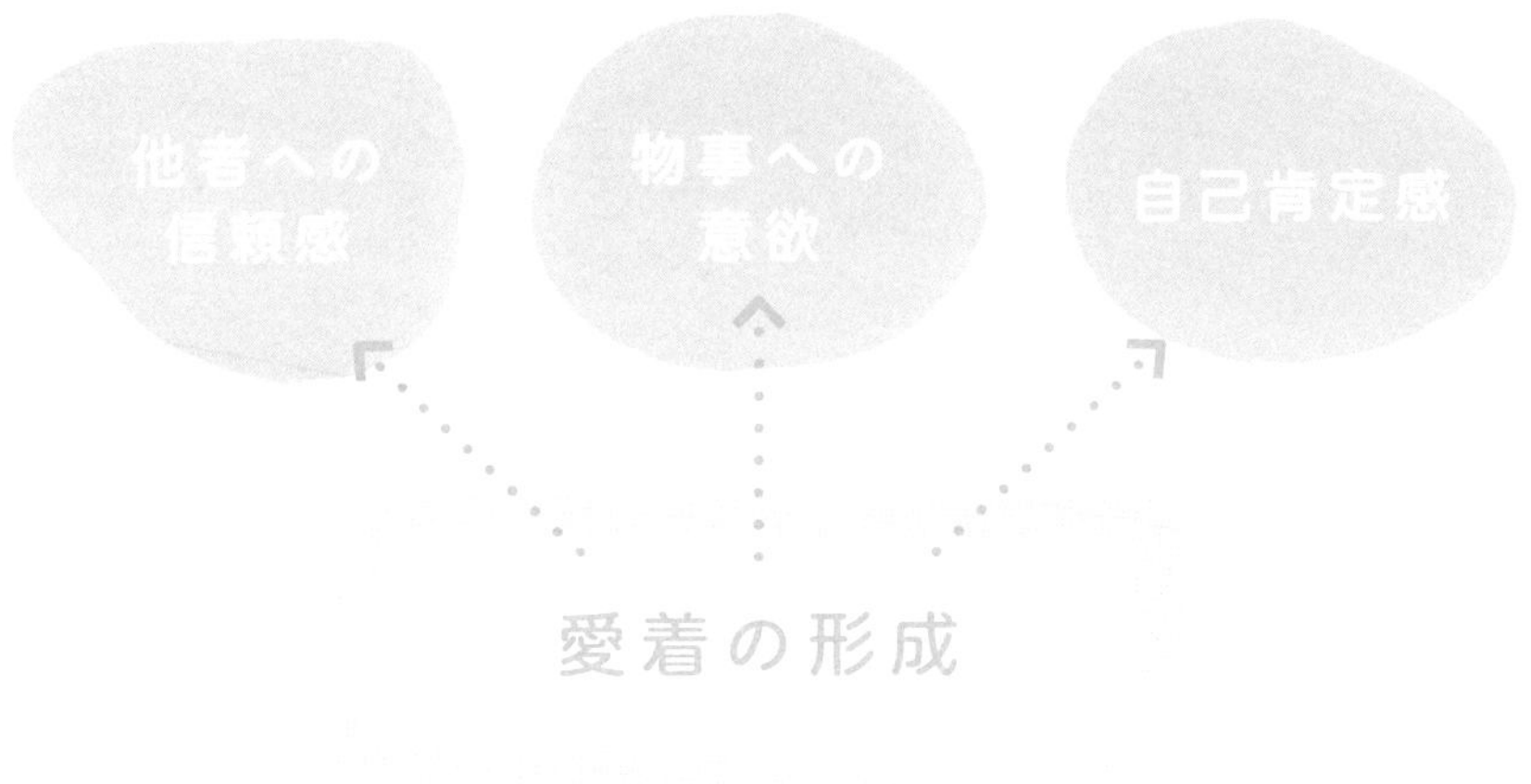

愛着は、心の発達の土台となる

だからこそ「お風呂に入っているときだけ」でも、気持ちを切り替えて、言葉やコミュニケーションを変えてみるのはいかがでしょうか。

子どもが小さい頃は、心の基礎をつくっている大切な時期。お母さん、お父さんからたくさんの愛情をもらい、やさしく温かい言葉をかけられることで、子どもの心は健やかに育っていきます。

心理学の言葉を使えば、「乳幼児期に愛着を形成する」ことが大切です。第1章でも愛着に関して少しお話ししましたね。愛着とは難しい言い方をすれば、特定の対象との間に見られる、情緒的な絆のことをいいます。

養育者が子どもと毎日一緒に過ごし、おむ

つを替えたり母乳やミルクをあげたり抱っこしたり、やさしく声かけをしながら関わること、さらに子どもが不安を感じたときに抱きしめたり、ケアしたりすることで、子どもと養育者の間に少しずつ愛着が形成されていきます。愛着が形成される中で、子どもの中に「何か不安なことや怖いことがあっても、お母さんやお父さんがきっと助けてくれるはずだ」という安心感が生まれていきます。

お母さんやお父さんを安全基地とすることで、子どもは安心して外の世界に遊びに行くことができるようになるのです。そして、成長とともにお母さんやお父さんが近くにいなくても安心感を感じられるようになっていきます。

愛着とは、主に成長する子どもと大人の間で育まれます。愛着はさまざまな経験を通して一層強固になり、親密になっていきます。

愛着形成は、「自分は自分のままでいい」「困ったことがあっても自分を守ってくれる存在がいるから大丈夫」という他者や自分への信頼感や物事への意欲につながります。

つまり、愛着は心の発達の土台であり、生きていくための力なのです。

乳幼児期に親子の絆がしっかり育まれていれば、「自分は愛されている」という根拠のない自信につながります。愛着が形成され、安定した子どもの心の基礎をつくるためには、日々の親子の関わりが重要です。

愛着を形成する一助となるのが、お風呂の時間。

温かいお湯の中でスキンシップをとりながら、子どもとコミュニケーションをとる……。お風呂に入っている間は、親もリラックスしやすいので、子どもとやわらかな気持ちで向き合えるはず。

お風呂の時間を一緒に楽しく過ごすことで、短い時間の中でも深い関わりができ、絆が深まりやすいと確信しています。

ただ、子どもに肯定的な言葉がけをすることはとても大事ですが、つい、きつい言葉をかけてしまったとしても、自分のことを責めすぎないでくださいね。

子育ては長く続きます。一度否定的な言い方をしてしまったから、母親失格、父親失格というわけではありません。

一生懸命なお母さん、お父さんほど、完璧にやろうと自分を追い込みがちですが、無理しすぎないで。お母さん、お父さんもリラックスしながら、子どもと向き合ってくださいね。

Swimming

In the Bathroom

お風呂だからこそ、伝えられる言葉があります

お風呂は、親子のコミュニケーションに最適の場所です。

その理由として一番に言えるのが、お風呂のリラックス効果。温かいお風呂につかって血流がよくなり体が温まると、自律神経にもよい影響があります。ぬるめのお湯にゆったりつかると副交感神経が優位になり、緊張感がとれてリラックスできるのです（ただし、熱いお風呂では活動時に働く交感神経が優位となるので注意しましょう）。親子ともにリラックスしたら、温かくやさしいコミュニケーションがとれるはず。

「子どもと一緒の入浴では、リラックスできません」という声が聞こえてきそうで

すが、ちょっと考えてみてください。

お風呂は、限られた狭い空間です。お風呂には、テレビもゲームもなく、スマホも基本的に持ち込めません。こんなにお子さんとしっかり関われる時間と空間はほかにないのです。

リビングに子どもと一緒にいるとき、お子さんと100%関わることなど、不可能です。家事もしなければならないし、お子さんを見ているようで、親のほうがスマホを見ている時間がけっこう長い……ということだってありますよね。

お風呂はある意味、強制的にお子さんと2人きりになれる時間です。お母さん、お父さんにとっては、子どもと向き合える最高の時間。だからこそ、コミュニケーションがとりやすく、子どもの心の奥に言葉が届きやすいのでしょう。

そして何よりお風呂では、肌と肌が触れ合うことで安心感にひたれます。子どもにしてみれば、ちょっと冒険をしたとしても、安心して守ってもらえる特別な時間。

親子のコミュニケーションに最適なのが、お風呂タイムなのです。

Swimming

In the Bathroom

潜在意識に届く言葉が、子どもを強くする

「子どもを叱ってしまったあとに、強く言いすぎちゃった、と落ち込んでしまうことがあります」

「いつも子どもを注意してばかりで、本当は愛しているのに、なかなか子どもに伝えられません」

こんなふうにおっしゃる親御さんがいます。

そんなときも、気持ちを切り替えて子どもに向き合うのに最適な場所が、お風呂です。

なぜかお風呂の中では心がオープンになってしまう経験、皆さんにもあるのでは

ないでしょうか。

銭湯で知らない人と話をしたり、友だちと温泉に入ったとき、普段話せないこともぽろりと言ってしまったりすることもあります。

温かいお湯でリラックスして心身の緊張がやわらぐこと、裸になることによる開放感からか、お風呂にはそんな、人の心を溶かしてしまう不思議な力があるようです。

家族でのお風呂の時間なら、なおさらです。

お母さんやお父さんが子どもとマンツーマンでスキンシップをしながら、言葉を伝えることは、先にお話しした愛着形成にとても重要です。

そのときに重要なのは、お母さんやお父さんから愛情のある肯定語で話しかけてあげること。これは「お風呂」だからこそできるコミュニケーションです。

体に触れながら、子どもの心の栄養となる言葉をどんどんかけてあげてほしいと思います。

お母さん、お父さんからのやさしい言葉は、いつの間にか子どもの脳と心に潜在意識として入り、自分は愛されているという自信、そして「何があっても大丈夫」

という自信につながります。

つらいことがあっても、心の奥深くにあるお母さん、お父さんからの言葉や、かけてもらった愛情をエネルギーにして乗り越えていくことができます。


私にも記憶があります。この本をつくりながら、もう50年も前に父や母にかけられた言葉が、次々に思い出されたのです。

私は両親から「いつも信じているからね」「絶対大丈夫、守ってあげるから」「人の役に立つ人間になるといいよ」とよく言われていたのです。


きっと体の中に染み込むように父や母の言葉が入っていたのでしょうね。大人になり、一時は忘れていた言葉ですが、ふとしたときに「ああ、父や母が言ってくれていたなぁ」と思い出し、心が温かくなりました。

お母さんとお父さんがかけてくれる温かい言葉以上に子どもの心の栄養になるものはありません。これこそが、生きていく力の根幹となり、自己肯定感につながっていくといえるでしょう。

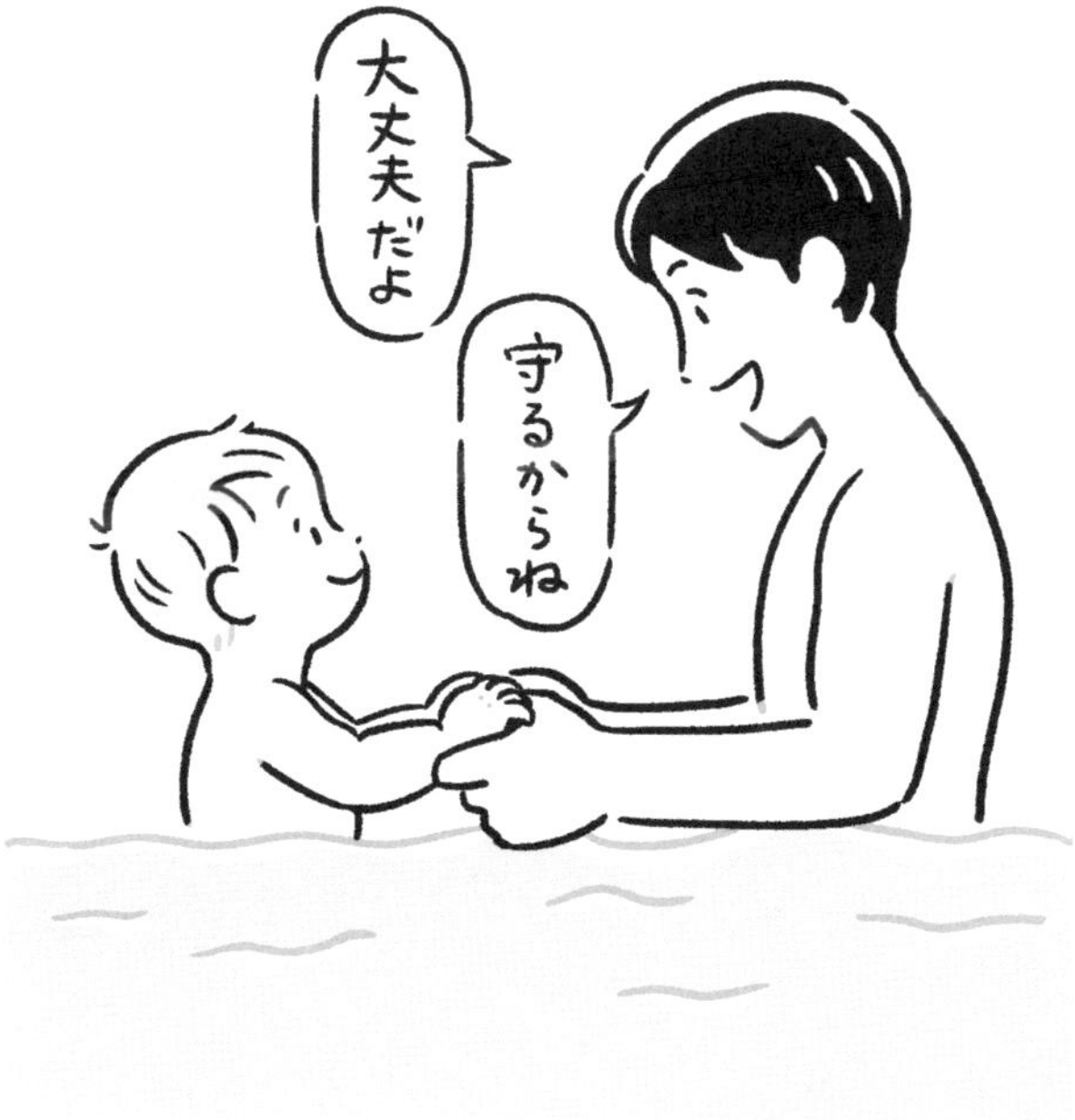

子どもの心の奥底に届けるつもりで、温かい言葉をかけよう

Swimming in the Bathroom

お風呂で伝えたい12の言葉

では、子どもにどんな言葉をかけてあげればいいのでしょう。

「お風呂では、子どもにたくさん話しかけてあげてね」

とお伝えすると、お母さん、お父さんたちから、

「どんな言葉をかけたらいいのかわからない」

「具体的に教えてほしい」

と言われることが、よくあります。

また、中には「恥ずかしくて言えない」とか、「いつも怒ってばかりいるのに、急にキャラ変したみたいにやさしくなるのって、おかしくないですか?」などと言うお母さんも。

でもせっかくお子さんと2人きりになれるのですから、ここは恥ずかしがらずに、愛情を伝えてあげてください。肯定される言葉、自分を認めてもらえる言葉をかけられて、うれしくない子どもなど1人もいません。

いつも怒っているお母さん、お父さんだっていいじゃないですか。「子どもとお風呂に一緒に入る〝この時間だけは〟やさしくなろう」と決めてください。

お風呂でこういったコミュニケーションを意識すると、お風呂以外の日常生活でも、子どもを認める言葉が出やすくなるはずです。

コツはシンプルですが、「肯定語で話す」こと。私はベビースイミングのときも、必ず子どもたちに肯定語を使うようにしていて、コーチにもそう伝えていました。そうすると、その子のいいところが伸びるのです。危険なことや命に関わること以外では、「ダメ!」などの否定語は使いませんでした。

ここでは、まわりのお母さん、お父さんたちにも聞きながら、お子さんにかけてあげたい言葉を集めてみました。

ただ愛情を表現する言葉だけでなく、子どもが人生を歩む上で大事な言葉、伝えておきたい言葉でもOKです。ぜひ、お子さんに伝えてあげてくださいね。

子どもにかけたい言葉

「大好きだよ」
「そのままの○○ちゃん（くん）の全部が好きよ」
「世界で一番、宇宙で一番、大好き」
「宝物だよ」
「とっても大切だよ」
「愛してるよ」
「いつでも応援しているよ」
「○○ちゃん（くん）なら絶対大丈夫だよ」
「いつも味方だよ」
「○○ちゃん（くん）がいるだけで幸せだよ」
「生まれてきてくれてありがとう」
「絶対にお母さん（お父さん）が守ってあげるからね」

Swimming in the Bathroom

「お風呂が嫌いな子」が心の中で思っていること

「子どもがお風呂に入るのを嫌がるんです」

「お風呂に入ると泣きわめくので、すぐに出てしまいます」

子どもってみんなお風呂が大好きなのかと思っていましたが、意外や意外、お風呂が嫌いなお子さんは結構います。

お風呂そのものが嫌い、湯船に入るのが嫌い、そもそもお風呂が面倒くさいという子も。

でも、本当にお子さんはお風呂が嫌いなのでしょうか。

もしかしたらそれは毎回、お風呂でお母さん、お父さんが〝早く早く〟と急かしたり、入浴中にイライラしたりしていることにも原因があるかもしれません。

たしかにお風呂は体や髪を洗い、着替えをさせるなど、やることがたくさん。お風呂を出たあともバタバタしてしまうことが多く、大変なこともわかります。

お風呂スイミングは、そんな親御さんにもメリットがあります。

それは、お風呂でイライラしなくなることです(笑)。

本当は子どもと2人でお風呂に入るのって、とても楽しいはずなのです。でも時間にも気持ちにも余裕がなくなると、楽しんでいる場合ではなくなってしまいます。

一方で、一生懸命お風呂スイミングに取り組もうとしてくださるお母さんもいらっしゃいます。疲れていてしんどいのに、お子さんと触れ合おうと頑張ってしまうのです。

でもね、お風呂スイミングは楽しみながら、ゆる〜くやるもの。一生懸命やらなくていいのです。余裕のある日は子どもとゆったりお風呂に入って、コミュニケーションやスキンシップを楽しみましょう。

お風呂スイミングは〝しなければならないもの〟ではありません。やりたいときにやればいいですし、お母さん、お父さんがやりたくなければ、もちろんやらなくていいんです！

本当にしんどいときは、お風呂は適当でいいと私は思っています。体や頭をちゃちゃっと洗うだけで出てきちゃってもいい。カラスの行水でＯＫ！

「今日はお風呂スイミングの日」「お風呂スイミングをしないで、洗う日」と決めてもいいですね。

お母さん、お父さんがイライラしながらお風呂スイミングをしてしまうと、せっかくの時間が台無しになってしまいます。そこだけは注意してくださいね。

お風呂を仲直りの場所にするのも手です。

イライラしてちょっとお子さんを怒ってしまっても、一緒にお風呂に入って「ごめんね」と言ってみたり。前項で紹介したように、お風呂で子どもに愛情たっぷりの言葉をたくさんかけてあげてほしいので、「さっきはイライラしてごめんね。でも大好きだよ」と伝えてもいいですね。お風呂の中だと、言いやすい気がしませんか。

しかもお風呂は閉鎖された空間なので、リセットするのにぴったり。

お部屋がぐちゃぐちゃだったとしても(笑)、お風呂に入ればそこは、リラックスできる清潔な空間に早変わり。

お風呂スイミングを楽しみながら続ければ、子どももお風呂が楽しくなるし、お風呂が大好きになります。

水をパシャパシャしたり、顔に水をつけたり、少しずつできることが増えてくると、子どもは喜びます。子どもの笑顔が増えるから、お風呂はもっと楽しくなる。お風呂が楽しくなるから、お母さん、お父さんが子どもをお風呂に入れるのが、ラクになるのです。

お風呂が好きな子は、生活リズムが整いやすいともいわれています。

あくまで推測ですが、私が思うには、毎日決まった時間に入浴する習慣がつくことと、リラックスして副交感神経が優位になるため質のよい眠りを得やすく、早寝早起きにつながるからではないでしょうか。

児童養護施設の先生が子どもたちをつれてプールにいらっしゃったことがあるのですが、その後、先生から「プールのあとは不思議と子どもたちの生活が落ち着きます」と言われたこともありました。
やはり水には何か不思議な力があるのかもしれませんね。

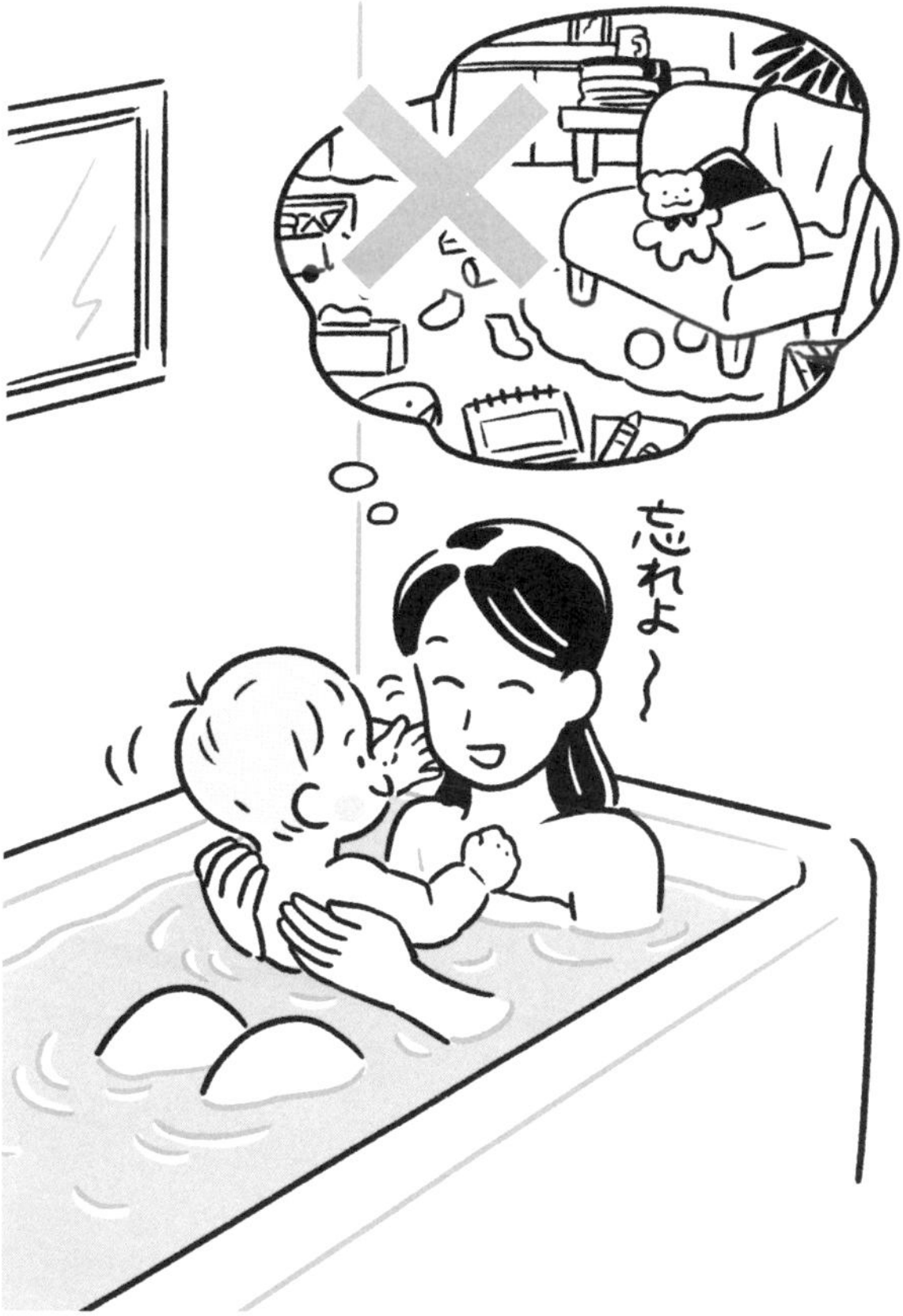

子どもと二人きりのお風呂なら、気持ちの切り替えも簡単

Swimming in the Bathroom

子どもとのお風呂タイムは「期間限定」です

赤ちゃんはお風呂の中ではお母さんやお父さんに抱きしめてもらえます。しかも気もそぞろで抱っこされるのではなく、しっかり守ってもらえるという絶対的な安心感があります。

こうして、子どもと一緒にお風呂に入れるのも、期間限定。

昨日まで、「子どもの髪を洗ってあげないと」と思っていたはずなのに、急に子どものほうから「自分で髪の毛、洗えるよ」と言われたり、「今日から1人でお風呂に入りたい」と言われて、その日から子ども1人でお風呂に入るようになったり……。子どもとのお風呂タイムは、予期せぬかたちで突然終わりを迎えることもあります。

「子どもと一緒にお風呂に入るのは疲れる。1人でゆっくりお風呂に入ってリラックスしたい……と心から願っていたはずなのに、子どもが1人でお風呂に入るようになったら、ほっとしたと同時に、なんだか寂しい気持ちにもなったんです」

というお母さん、お父さんのお話を、私はこれまで何度も聞いてきました。

親子が1対1で、しっかり抱っこして向き合える今しかない時間を、どうか大切に、思う存分楽しんでください。

特にお母さんのようにおっぱいをあげることができないお父さんにとっては、子どもと密接に関わるコミュニケーションができるお風呂の時間はチャンスです。

お父さんにこそ、お子さんが小さいうちは一緒にお風呂に入ってもらいたいし、お風呂スイミングを意識してやってほしいと感じています。

ユニセフ(国連児童基金)が2021年、日本や欧米諸国などの41カ国の子育て支援策を4つの視点から分析して順位づけした報告書を発表しました。

1位はルクセンブルク、2位アイスランド、そこに北欧諸国が続き、日本は総合で21位という結果でしたが、なんと「育児休業制度」の項目では1位だったのです。意外ですよね。

実は日本は、父親に認められている育休期間が最も長いのです。ただし、父親の育休の取得率が低いのが問題。でも、少しずつですが改善はされており、育休をとるお父さんも増えてきていますね。

子どもの成長はあっという間です。長期の育休は取れなくても、お子さんと積極的に関わってほしいと思います。少なくとも、子どもが小さいうちはお父さんが早く帰宅できて、子どもと一緒にお風呂の時間を楽しんでもらえたら……と願ってやみません。

いくら男女平等とはいえ、乳児期の赤ちゃんの世話は、どうしてもお母さんに偏ってしまいがち。この時期にお父さんがお風呂担当になってくれたら、お子さんとたくさんスキンシップできますし、お母さんも助かりますよね。

この時期にしっかり親子が関わっておけば、子どもはその愛情を栄養にのびのび成長していきます。お風呂スイミングでしっかり遊ぶと自主性のある子に育ちます。そうなれば、自信を持って自分の脚で歩いていけるでしょう。

第4章

親子で プールに挑戦しよう

Swimming in the Bathroom

親子プールは大人にもメリットがたくさん

お風呂スイミングで水に慣れてきたら、親子でプールに行ってみましょう。

先に、施設に関して基本的なお話をさせてください。

多くの施設には、大人用のプールと、大人のひざくらいまでの水深の子ども用のプールの2つがあります。子ども用のプールでも、お風呂よりはずっと広いので、子どもは十分楽しんでくれるはず。

プールで遊べる年齢は、3歳以降、もしくはオムツがとれてからなど、施設によってさまざま。

公共のプールでは0～2歳は利用できないというところも多いので、民間のよく管理されたプールに行くのもよいでしょう。ただ、オムツがとれていなければプールには入れないという施設もあるので、オムツを使用しているお子さんを連れていくときは、施設に問い合わせてから行ってくださいね。

3歳以上でオムツがとれていれば、使える公営のプールも増えてきます。では、3歳以上のお子さんとプールに行くときは、どんなことに気をつけたらよいでしょうか。

初めてのプールでは、不安になる子もいます。当然ですが、プールはお風呂よりも深いので、お風呂以上に子どもが安心感を持てるように心がけましょう。

子どもにとって、広いプールで泳ぐのは心身ともにいいことですが、大人にもメリットがたくさんあります。

特に子どもが小さい時期は、子どもと家で2人きりで過ごす時間が長かったり、なかなか自由に外出できなかったりします。

水の中にいるとリラックスできることはこれまでお話しした通りですが、プールに行くことが大人のストレス解消にもなります。

ほかのお子さんと親御さんがいれば、自然に交流も生まれるかもしれません。

「公園や児童館ではほかのお母さんたちとなかなか話ができない」という人見知りのお母さんがいましたが、プールに行ってみたら一変。

公園や児童館ではお子さんとお母さんが離れていることも多いですが、プールでは、基本的に子どもを抱っこしているので、自然とほかの親御さんと会話ができたというのです。しかもそこは水の中。パシャパシャ水しぶきをあげたりして親子ではしゃいでいるうちに、プールの中では、人見知りなんてどこかへいってしまったそうです。「なかなかできなかったママ友ができた」という声も聞きます。

また、プール内で子どもを抱っこして歩くだけでもかなりの運動になります。

子育て中は体力が必要ですが、お子さんが走り回る前の乳児期は、親は意外と運動不足になりがち。プールに行くことが、大人にとってもいい運動になります。体を動かすこと自体、ストレス発散にもなるでしょう。

Swimming in the Bathroom

子どもがプールを嫌がる本当の理由

お風呂スイミングで水慣れしたお子さんがプールを嫌がることは少ないですが、もしも泣いたり嫌がったりした場合、理由はいくつか考えられます。

お風呂よりも水温が低いから

幼児用のプールは、大人のプールより水温が高め（31〜32度くらい）に設定されていることが多いですが、家のお風呂よりは確実に水温は低いです。

水のヒヤッとした感覚に子どもが驚いて泣いている場合があります。最初はお母さん、お父さんがしっかり抱っこして体を密着させ、お互いの体温を感じながら静かにプールに入りましょう。

ほかの人がたくさんいることにびっくりしているから

家庭のお風呂と違って、小さい子どもや、ほかのお母さん、お父さんがいることにびっくりしたり、人見知りをしたりしている可能性もあります。お母さん、お父さんがそばにいることを言葉で伝え、しっかりスキンシップをとって安心させましょう。

プールの広さが不安、違う場所にいることに不安を感じているから

プールに限らず、初めての場所に場所見知りをするお子さんもいます。いつもと違う場所、しかもお風呂よりずっと広いプールに入るとなれば、不安になるお子さんもいるでしょう。プール独特の塩素のにおいや、もわっとした空気が苦手な子も。

いずれの場合も、子どもの気持ちに共感し、できるだけ安心感を与えるようにしてください。

お母さん、お父さんが不安な気持ちでいると、それが伝わる可能性もあるので、親御さん自身がリラックスし、心から楽しむことも重要です。

それでもプールに入るのを嫌がったり泣いたりしたら、無理に入れないことが原則です。

せっかく来たプールに入れたい気持ちはわかりますが、子どもをコントロールすることはできません。無理強いすると、プールが嫌いになってしまい、ひいては泳ぐこともできなくなってしまう可能性もあります。

お風呂スイミングを続けながら、様子を見て再トライしてみてくださいね。

Swimming in the Bathroom

事前準備がカギ！「できたらいいね」を決めてみよう

3歳まではお水と自由に遊ぶのがベスト。それが子どもの創造性や自主性を高めるからです。お母さん、お父さんはいろんなことを提案しながら「どう遊びたいか」は子どもにまかせましょう。大切なのは子どもに口出しをしすぎない、邪魔をしない、自分で考えて自由に遊ばせることです。

「何かをさせよう」と子どもをコントロールしないようにしてほしいのですが、放置するのもやめましょう。

今日は水慣れができたらいいな、浮くことを楽しめるといいな……など、親がこっそり目標を持って遊ぶと、子どもも親もプールがどんどん楽しくなっていきます。

３歳以上になってくると自由に遊ばせる中で、「泳いでみたい」と子どもが言い出すかもしれません。そうなったら、「こっそり」ではなく、子どもと一緒に目標を立ててからプールに行くと、より充実した時間となるでしょう。

たとえば「今日は浮けるようになったらいいね」「お魚さんみたいに潜ってみようね」「今日は○○ができるようにしてみよう」「お風呂で練習したこと、大きなプールでやってみようか」など、簡単に目標を決めて、プールに行ってみます。

スイミングスクールでもよく「お風呂で練習してきたから、できるようになったよ！」とうれしそうに話してくれる子がいました。

自分で遊びを選び、自由に動くことが子どもの能力を引き出します。

泳げるようになるのは楽しいことです。子どもがやる気になるように少しずつ教えてあげましょう。

お風呂と違い、プールでは独自のルールもありますね。改めて、泳ぐ前にルールを押さえておくことも大切です。

子どもから目を離さない

これは、お風呂スイミングのときと同様ですね。お母さん、お父さんは、お子さんから絶対に目を離さないでください。

水温や気温が十分に温かいかチェックする

子どもは体温調節機能が未熟なので、冷たすぎるプールには入れないようにしましょう。民間で行うベビースイミング教室の場合、水温はだいたい30〜32度くらいになっています。しっかり抱っこして、足から少しずつ入りましょう。

プールを出たあとも、体が冷えないようによくタオルで拭きましょう。耳に水が入っていることもありますが、綿棒でこすらないようにしてください。濡れて柔らかくなっているところをこすると傷がつくので注意が必要です。耳を下にして横を向いて寝ると自然に水が出てくるので、それを拭いてあげてください。

どんなときでも、決して子どもから目を離さないで

少し話が変わりますが、プールでなくても水に入るときは、水温には注意しましょう。

たとえば、海。真夏でも海の場合は水が冷たいので0～1歳の赤ちゃんを入れるのはやめておきましょう。2～3歳の子も入る時間は短くしてください。足だけつけるのは大丈夫です。

海のような広い場所に慣れていない子は、びっくりして泣くこともあるので不安にならないよう、抱っこをして様子を見ましょう。

適度に休憩をとる

水に入るのが楽しくなってくると、一度入ると出たがらなくなります。最初のうちは適度に休憩を入れてあげましょう。十分な水分補給も忘れずに。

プールサイドは走らない

歩けるお子さんの場合は、プールサイドを走らないようにあらかじめ伝えましょう。プールサイドの床は硬く、すべりやすいのでケガをするリスクがあります。また、転んで水に落ちてしまうこともあるので注意しましょう。

体調がいいときに入る

体調がすぐれないときにプールに入るのはやめましょう。

プールの前に食事と休息を十分にとって、トイレも済ませておくと安心です。ミルクを飲んだ直後はもどしやすいので、30分以上たってから入りましょう。

Swimming in the Bathroom

プールだからできる！ 遊びのアイデア

ここからは、自由に動ける広いプールだからこそできる遊びのアイデアを紹介していきます。

できそうなものから、挑戦してくださいね！

1 ふちから、ジャンプ！ 0歳～

ステップ1

プールのふちに腰かけた状態から、ジャンプする遊びです。

まず、子どもをプールのふちに浅めに腰かけさせます。大人は、プールに入って子どもに向き合って立ちます。子どもに向かって手を伸ばし、「こっちにおいで」「ジャンプ！」など声をかけ、子どものタイミングでプールにジャンプさせます。０歳などの小さな子であれば、大人が子どもの両脇を支えてよいタイミングでプールに入れてあげましょう。意思疎通がスムーズにできるようになったら、できるだけ、子どもの意思とタイミングでできるように、待ってあげてください。ジャンプできたら、しっかり抱きしめてほめましょう。

水中に潜る直前で抱っこでキャッチしてもよいし、ときどきであれば、ジャンプした子どもを抱っこで受け止め、そのまま、親子で一緒に水に潜ってもよい練習になります。

ステップ2

ステップ１ができるようになったら、立った状態からジャンプに挑戦しましょう。まず、子どもは足の親指をプールサイドにかけて立ちます。滑って転ばないようにするためです。

大人は、子どものジャンプを手助けするような感じで、子どものほうに手を伸ば

子どものタイミングでジャンプできるよう、待ってみよう

し、自分のタイミングでジャンプできるよう応援しましょう。

慣れてきたら「いちにのさん」のかけ声で飛び込んでみてもいいですね。

子どもが水に飛び込めたら、「戻るよ〜」という声がけとともに、子どもの体をプールサイドのほうに向き直らせます。

抱き上げる、少しお尻を支えるなど、子どもに合わせたかたちで補助をし、子どもをプールサイドに上がらせてください。

補助は徐々に少なくして、最終的には自力ではい上がれるようにしましょう。

プールサイドに上がる練習をジャンプ遊びとセットで行うことで、命を守ることに役立ちます。

2 鬼ごっこ 3歳～

お風呂ではできない、広いプールならではの遊びです。

やり方は陸上の鬼ごっこと同じです。水の中で追いかけたり逃げたりしますが、水の中では抵抗があって動きづらく、それが楽しいのです。

人数が多いほうが面白いですが、お母さん、お父さん、お子さんだけでやってももちろんＯＫ。鬼を誰か１人決めて、それ以外の人を鬼が追いかけます。鬼にタッチされたら、今度はタッチされた人が鬼になります。水に潜れる子は、潜って逃げてもいいですね。プールの外を走らないように注意しましょう。施設によっては「鬼ごっこ禁止」のところもあります。その場合は施設のルールに従ってください。

3 ワニさん泳ぎ 2歳～

子ども用の浅いプールで、ハイハイをするようにして遊びます。両手はプールの底につけ、脚は後ろに伸ばし、腕の力でぐんぐん前進しましょう。

全身の筋肉を使うので、運動量も多く、体幹も鍛えられる遊びです。また、脚や

体は浮いているので、体が浮く感覚を楽しむこともできます。水慣れてしているお子さんなら、顔をつけてみてもいいでしょう。

4 大人の背中に乗る （2歳〜）

ダイナミックに動くと楽しい遊びです。子ども用プールで大人がハイハイの姿勢になります。その背中の上にお子さんが重なるようにして乗ります。この状態で大人がハイハイで移動するのです。

あるいは、大人が子どもをおんぶし、大人用の深いプールの中を歩いてもいいですね。ゆらゆらと揺れる背中にしっかりつかまることで、子どもの腕を鍛えることもできます。大人は体力が必要かもしれませんね（笑）。

Swimming

In the Bathroom

比べるのをやめると、子どもはみるみる上達する

プールで遊んでいると、ほかのお子さんが目に入ることもあるでしょう。

つい、「あの子は飛び込みができているのに」「もうクロールしているのに」「それに比べてうちの子はなんでできないの?」なんて思ってしまうこともあるかもしれません。こう思ってしまう気持ちもよくわかるのですが、せっかく楽しむためにプールに来ているのに、これはもったいないことです。

そんなときこそ、思い出してほしいのが「子どもと他者を比べないこと」。

プールに限らずどんなことにも言えますが、ほかのお子さんと比べずに、その子が何をできるようになったか、その成長を見ていてあげてください。そのほうが結

果として、親御さんも気持ちがラクになります。

子どもの成長速度は、本当に人それぞれです。速いからいい、遅いから悪いものではないと思います。


私もスイミングではよくお母さん、お父さんに「比べないでね」と伝えていましたが、頭ではわかっていても、なかなか難しいですよね。

でも、人と比べるのをやめて、心の底から「好きなように、自由に遊ぼう」「この子のやりたいようにやらせよう」と思えたら、その瞬間に子どもは変わるのです。

これを私は、プールで何度も目の当たりにしてきました。


たとえば子どもが水を怖がるので、プールで子どもを抱っこしたまま1時間過ごしていたお母さんもいました。私は「それでいいんですよ」とお伝えしていました。

「ずっと抱っこでも大丈夫ですよ。あえて声はかけないからね」

と言って、お母さんと子どもの2人だけの世界にして、水に慣れてもらっていたのです。

それはお母さん、お父さんの「待つ」というトレーニングにもなります。

水に慣れるまで、子どもをバケツやジョウロで遊ばせたり、水遊びをずっとやってもらったりしたこともよくありました。その子がしたいようにさせてあげることが大切だとわかっていたからです。

なかなか水に慣れない子のお母さんは内心、焦っていたでしょうし、不安にもなっていたでしょう。

でも、お母さんが心から納得すると、子どもも変わっていきました。初回こそ、お母さんから離れられずに過ごしていましたが、次の回からは少しずつ水を楽しめるようになり、最終的には水で遊ぶのが大好きな子になったのです。

Swimming in the Bathroom

【上級編】「泳ぎのベース」になる3つのステップ

ここからは少し上級編。3歳頃になると、泳ぐことに興味を持つ子も出てきます。子どもが興味を持ち始めたら、泳ぎ方を教えるチャンス！

でも、どうやって泳ぎを教えたらいいのか、わからない……。そんなお母さん、お父さんたちへ、泳ぎの基礎となる3つのステップをご紹介しましょう。ポイントは浮くことです。

ステップ1：うつぶせで浮く
ステップ2：姿勢をつくる
ステップ3：キックをする

それぞれ説明していきましょう。

ステップ1　うつぶせで浮く

いきなりうつぶせになるのは難しいですが、お風呂スイミングで水に顔をつけられていれば、そこまで抵抗はないはず。顔つけと息止めができていない場合は、まずそこから挑戦してみましょう。

お風呂スイミング（82ページ）で行ったのと同じ要領で、少しずつ水に慣れていきます。息止めを練習するときは、ほっぺをふくらませて空気が漏れないようにしたまま顔をつけることを何度かくり返します。こうすると鼻に水が入らないので、自然に息を止めることができますよ。息止めができるようになってから、以下の流れで浮いてみてください。

❶子どもの足がつき、歩ける深さのプールで、浮いてみます。

子どもは親と手をつなぎ、息をいっぱい吸って、頭を全部水に入れます。

頭全部を水につけると、自然に浮けます。この浮く感覚を何度も楽しくなるまでやりましょう。

POINT

※どうしても浮けない場合は……どうしても浮けない場合は、子どもの頭が水に全部入っているかをチェックしましょう。なかなか浮けない子には、「水の中でおへそのほうを見てみて～」と伝えると、頭がしっかりと下がり、自然に浮けるでしょう。

2 何回も浮くことができたら、子どもの側からそーっと自分で手を離すようにすすめてあげてください。

自分1人で浮けることを一緒に喜んであげましょう。腰や足が下がっていても、ふわ～っと浮けていれば構いません。

ステップ2　姿勢をつくる

ステップ1ができたら、もう浮くことができるので泳ぐ姿勢をつくることを目標にします。

❶ステップ1同様、子どもの足がつき、歩ける深さのプールで行います。まず、立った状態で子どもの姿勢づくりから始めましょう。

右手の甲の上に左手を重ねたら、両腕をそのまままっすぐ上に伸ばし、腕の間に顔を入れます。脚もまっすぐ伸ばします。

この姿勢が浮きやすい「泳ぐときの姿勢」です。

「まっすぐ伸ばしてね～」「ロケットみたいになるよ～」など、子どもが体をまっすぐ伸ばせるよう、声がけしてあげてください。

泳ぐときの姿勢

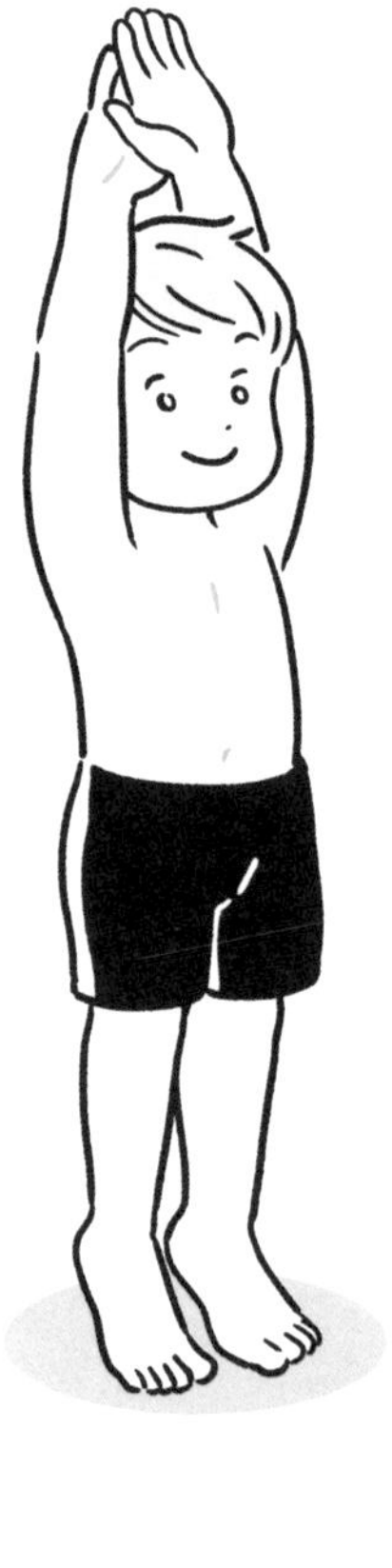

❷ 子どもが①の姿勢を保って、うつ伏せでプールに浮いたら、大人の出番。

子どもの手を軽く持ち、スーッと引っ張る

子どもの手の先を軽く持ち、前へ引っ張りましょう。

子どもの息が続くぐらいの距離（5メートルほど）をスーッと引っ張ります。

子どもが立ち上がったら、またそこからスタートし、「正しい姿勢で浮く子ども」を、大人が引っ張って進む」を何度もくり返しましょう。こうすることで、正しい姿勢で水の中を進む感覚をつかめます。

子どものひじが曲がっていないか、頭がしっかり水に入っているか、脚は伸びているか、確認しながら補助してあげてください。

どうしても体が沈んでしまう子の場合は、腰につけるタイプのヘルパーを使ってみましょう。

ステップ3　キックをする

ステップ2に慣れたら、ステップ2で前に出たあとにキックをしながら進むよう、声がけしてみましょう。

キックをするとき、最初は膝が曲がりがちになるので、「お尻のつけねから足を動かし、膝を曲げない」ように言葉がけをしてあげてください。

膝を曲げるかたちでキックをしてしまう子は、まずプールのへりに腰かけて、座ったままキックの練習をしてみてもいいでしょう。

自分の脚の動きが見えるからです。

膝を折り曲げてキックをするのではなく、膝の力を抜き、両脚を上下に動かすことを伝えてあげてくださいね。

キックの行い方

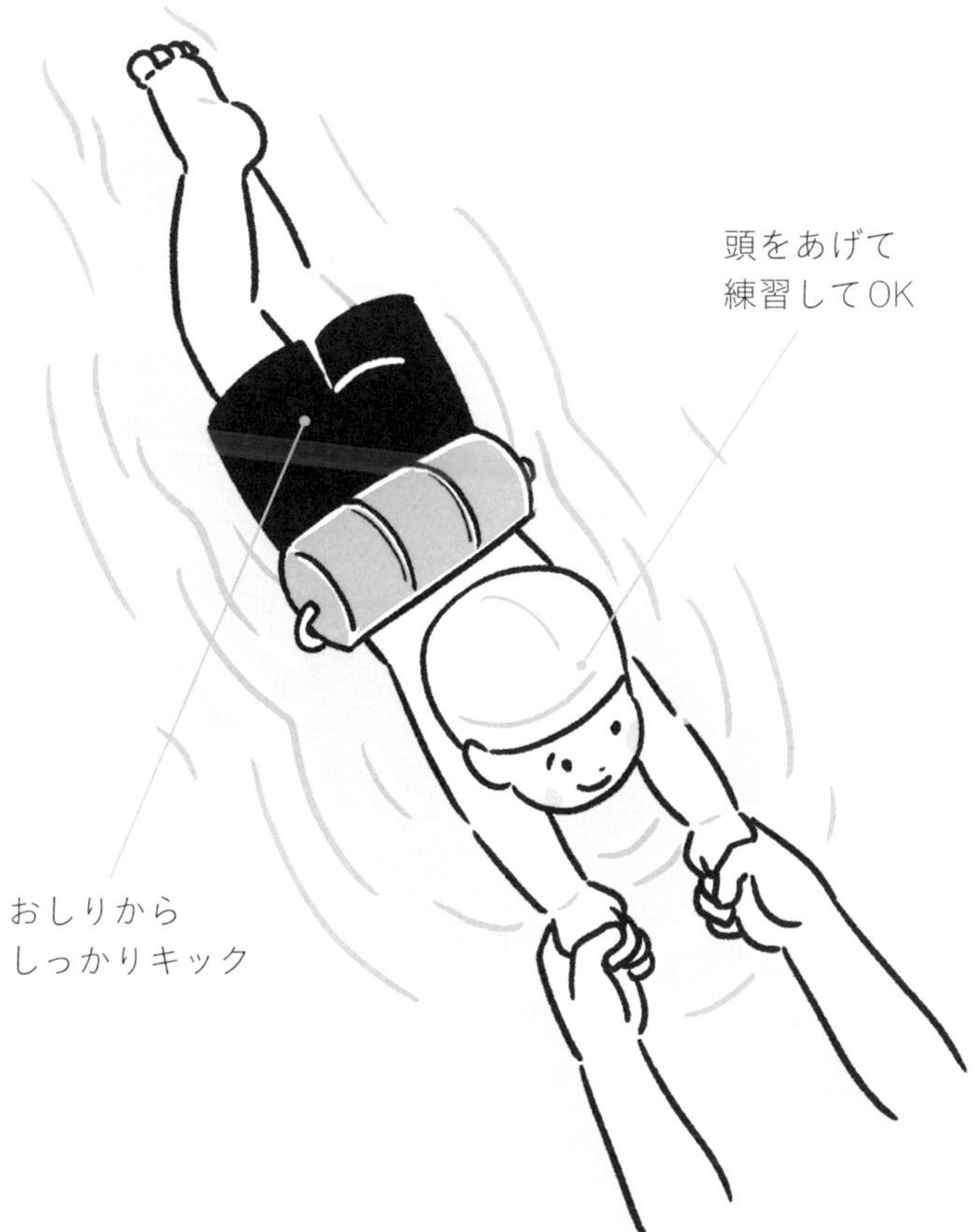
頭をあげて
練習してOK
おしりから
しっかりキック

たまに、脚の動きを子どもに教えるために、大人が子どもの足首を握って動かす練習をする方もいらっしゃいますが、足首を握るとその部分を意識して、動きがかたくなってしまうため、避けたほうがいいと私は思います。

足首はできるだけ力を抜いて足ひれのように動かしましょう。

また、キックの練習をするときは、キックだけを意識してほしいので、頭を上げていても構いませんよ。脚や腰が下に下がったときは、腰につけるヘルパーを使ってみましょう。

背浮きの練習も

お風呂でやった背浮きの練習（88ページ参照）をしてもよいでしょう。水に上向きで浮くととても気持ちがよくなります。この状態でキックをして手で交互に水をかけば、背泳ぎもできるようになります。

以上が、泳ぐためのステップですが、もし、水に慣れた子どもが、水泳が上手になり、水泳の選手を目指したいと言ったとしたら、それはとても素晴らしいことです。でも、水泳の目的は「選手になること」だけではありません。

子どもの選択を大切にしましょう。

水泳をベースに体力をつくって、ほかの好きなスポーツに移ってもいいし、水との遊びで育んだ創造性を生かしてまったく別の道に進んでもいいのです。そのきっかけがお風呂スイミングであれば、うれしいです。

子どもたちに好きなことで幸せになってほしい、そう願ってやみません。

おわりに

最後まで読んでくださり、ありがとうございました。

広島県廿日市市の自宅で、宮島から昇り始めた朝日を浴びながら、この原稿を書いています。

20代の頃は幼稚園教諭をしていましたが、経営が大変だから手伝うよう両親から頼まれ、水泳業界に入りました。

ベビースイミングなんて水泳に関わっていなければ、どうでもいいと思われる方が大半ではないでしょうか。実は、私もそうでした。

20代の頃に興味があったのは「天才児を育てる研究」でしたので、ベビースイミングは蚊帳の外。子どもを天才児にしたいと思い、文字、音楽、算数、絵画など、色々な手法を探し、試す日々を過ごしていました。

しかし、偶然出合った「水と遊ぶ教育」は驚くべき発見でした。これは0歳から始める最も早い、そして究極の英才教育であると感じたのです（一般的に言われる英才教育とは違いますが）。

陸の運動と違って、水中で行う運動を侮ってはいけません。

水圧や水の抵抗、浮力の効果を熟知してお風呂やプールに入る人なんてほとんどいないですよね。ぜひ実際に体験して、子どもの変化を楽しんでみてくださいね。

0～3歳の時期の「親子のスキンシップ」も、意識することでより効果をもたらすはずです。

この時期に形成されるアタッチメント（愛着）は一生に影響を与えるほど大切なものといわれています。私は児童養護施設にも関わっています。0～3歳に受けた心の傷が大人になっても治りにくく、つらい思いをしている子どもたちにたくさん会いました。

中には幼少期は大変だったけれど、大人になって幸せに暮らしている方にも何人かお会いでき、心の傷は乗り越えることができることも教えていただきました。

しかし、いかなる理由でも無力な子どもを傷つけることはあってはなりません。「良かれと思い厳しくしすぎることが、子どもの傷になるなんて知らなかった」ということにならないよう、本書でお伝えしたことを頭のどこかにインプットしていただいていれば、イライラしていてもきっと大丈夫。

特にお父さん、幼少期にお風呂スイミングなんてできたら最高ですよ。お風呂で楽しく遊ぶだけで子どものためになり、一生の絆ができるのですから。今やっておかないと後からさみしい思いをするかもしれませんよ(笑)。

乳幼児期の楽しい思い出は、この時期にしかあげられない「一生の宝物」です。

この本をつくるにあたり、多くの方にご協力いただきました。

青春出版社の社長・小澤源太郎様、宮島菜都美様、樋口由夏様、すてきなイラストを描いてくださった山麦まくら様。導き、指導くださった高橋朋宏様、平城好誠様。心から感謝申し上げます。

長年お世話になっている日本スイミングクラブ協会の皆様や先生方、いつもありがとうございます。

私にベビースイミングの素晴らしさを教えてくださった湯本秀子先生、波多野宏先生。たくさんの事を教えていただきました。

ご協力いただいた河野友香様、河野明称様、藤田香様、倉島万由子様、竹下叔恵様、永安裕佳様ほか、数えきれないくらいの関わってくれた会員の皆さん、本当にありがとうございました。

幼少期愛情いっぱいに育ててくれた、今は亡き両親植木恵・節子にも心から感謝いたします。私は人生の中で大変なこともありましたが、愛情をいっぱいもらっていたおかげで、いつも前向きに生きることができました。

そしていつも支えてくれた夫の吉村千春さん。光さん、亜佳音ちゃん、裕人さん、愛ちゃん、寛くん、感謝しています。いつもお風呂スイミングをしてくれた湊君、新君、叡登君、望羽ちゃん、優月ちゃん楽しい時間をありがとう。

関わってくださった皆様に心からの感謝とお礼を申し上げます。
そして、「お風呂でベビースイミング」がきっかけとなり、世界中が幸せな子どもたちでいっぱいになることを心から願ってやみません。

2024年6月　吉村久枝

【参考文献・参考HP】

"Effects of Baby Swimming on Motor and Cognitive Development: A Pilot Trial"(SageJournals)
Federica Borioni, Valentina Biino, Valeria Tinagli, Caterina Pesce 2022

"Baby swimming: exploring the effects of early intervention on subsequent motor abilities"(Child Care Health Dev)H Sigmundsson & B Hopkins 2010

"A Non-Randomized Pilot Study on the Benefits of Baby Swimming on Motor Development"

Irene Leo, Silvia Leone, Raffaele Dicataldo, Chiara Vivenzio, Nada Cavallin, Chiara Taglioni,Maja Roch 2022

"Longitudinal study of infants receiving extra motor stimulation, full-term control infants, and infants born preterm: High-density EEG analyses of cortical activity in response to visual motion" (Dev Psychobiol)Julie Borge Blystad & Audrey L H van der Meer 2022

"Does swimming decrease the incidence of otitis media?"(J Am Osteopath Assoc) L M Robertson, R V Marino, & S Namjoshi 1997

"First time experiences in infancy: when they appear to be pleasant, do they activate the adrenocortical stress response?"(Dev Psychobio)L Hertsgaard, M Gunnar, M Larson, L Brodersen, & H Lehman 1992

"Interactional Response During Infants' Aquatic Sessions"(Sports Med Int Open)M Martins, A Costa, M J Costa, D A Marinho, & T M Barbosa 2020

"The Playful Behavior in Swimming and Its Interferences in 1-3 Years Child's Development"

(Procedia - Social and Behavioral Sciences)Daniela – Giconda Burac 2015

"Correlation between the attachment of children onto mother and the behaviour of children in swimming practice"(Horizons of Psychology)P. Fišer & Z. Cugmas 2009

Swim study reveals a smart pool of talent Griffith News

(https://news.griffith.edu.au/2013/08/13/swimming-a-smart-move-for-children/)

「子育て支援策 新報告書 日本の結果についてのコメント」
unicef(https://www.unicef.or.jp/news/2021/0127.html)

「乳幼児の潜水・水泳における心拍反応と不整脈」(体力科学)
林 貢一郎・佐々木 純一・目崎 登 2001

「エリートテニス選手における幼児期からの運動経験－インタビュー調査による検討－」(テニスの科学)
遠藤 愛・村上貴聡・平田大輔 2016

『赤ちゃんを泳がせよう』ダグラス・ドーマン／著、人間能力開発研究所／監修(ドーマン研究所)

『赤ちゃんは運動の天才』グレン・ドーマン／著、小出照子／翻訳(サイマル出版会)

『ベビースイミング教室』波多野勲／著(大修館書店)

『シリコンバレー式　世界一の子育て』中内玲子／著(フローラル出版)

『100万人が信頼した脳科学者の絶対に賢い子になる子育てバイブル』
ジョン・メディナ／著、栗木さつき／翻訳(ダイヤモンド社)

『3000万語の格差——赤ちゃんの脳をつくる、親と保育者の話しかけ』
ダナ・サスキンド／著、掛札逸美／翻訳、高山静子／解説(明石書店)

著者紹介

吉村久枝
日本ベビースイム協会代表。日本スイミングクラブ協会中国支部理事。幼稚園教諭を経て、家業のスイミングスクールで30年間、指導・経営に携わる。これまで1万人以上の会員とかかわる中で、特に力を入れてきたのがベビースイミング。30年にわたり、6000組の親子にベビースイミングを指導する中で、親から子への温かな言葉がけや0～3歳までの運動が子どもの脳・心・体を健やかに育み、自己肯定感も向上させると実感する。自宅で簡単にベビースイミングが実践できる「お風呂スイミング」を提唱。丁寧かつ愛ある指導で、子育て中の母親から支持を集めている。

【0～3歳《さい》】
脳《のう》と体《からだ》がすくすく育《そだ》つ
お風呂《ふろ》でベビースイミング

2024年6月30日　第1刷

著　者　吉《よし》村《むら》久《ひさ》枝《え》

発行者　小澤源太郎

責任編集　株式会社 プライム涌光
電話　編集部　03(3203)2850

発行所　株式会社 青春出版社
東京都新宿区若松町12番1号 〒162-0056
振替番号　00190-7-98602
電話　営業部　03(3207)1916

印刷　三松堂　　製本　ナショナル製本

万一、落丁、乱丁がありました節は、お取りかえします。
ISBN978-4-413-11407-3 C0037